JN029492

海の怪

鈴木光司

集英社

貞子を海に解き放て

貞子が井戸から這い出てくるシーンは、映画のおかげでとても有名になってしまった。ところで、なぜ井戸なのか……、そこには深い訳がある。

日本人であるぼくにとって、広く荒涼たる砂漠はホラーの舞台となり得ない。乾燥しすぎているからだ。怖い話を作ろうとして、まず思い浮かべるのは、「水気の多い閉ざされた空間」というシチュエーションである。

日本的な怪談の時間帯は、大抵、草木も眠る丑三つ時で、霧雨に煙る柳のそばにはなぜか川が流れていたりする。水という媒質には得体の知れぬ情念を伝播させる役割がある。

水とホラーは実に相性がいい。

そしてもうひとつの条件は「閉ざされた空間」。

日本的な怪談の特徴は目に見えない怨念に代表される。『リング』の中、井戸に落とされた貞子は、コンクリートの蓋で密閉された空間で、ゆっくりとした死に向かう。逃げ場はなく、死んだ後も怨念はその場に残り、じっくりと熟成される。

今回、肥大化しすぎた貞子の怨念を広大な海原（うなばら）に解き放とうと思う。海は危険が多い。陸にいるときとの比ではなく死ぬ確率は高まり、無念な死を遂げた者の魂が多く彷徨（さまよ）う。

夜の海で時化（しけ）に遭ったときなど、吹きすさぶ風浪（ふうろう）の音が、断末魔（だんまつま）の人間の叫びのように聞こえることがある。

風浪に運ばれて貞子の怨念は雲散霧消（うんさんむしょう）してしまうのか、あるいは無限の空間に次々と伝播して、新たなストーリーを紡ぎだすのか……。

ここに集めたのは、二五年に及ぶ自身の航海経験を中心に、海の仲間や、知人友人から聞いた怖い話、不思議な話、おかしな話など、様々なエピソードである。

怖がらせて海を遠ざけようという意図はない。むしろ、海の神秘に触れて畏怖の念を抱き、さらに魅せられてほしいと願う。

鈴木光司

海の怪

目次

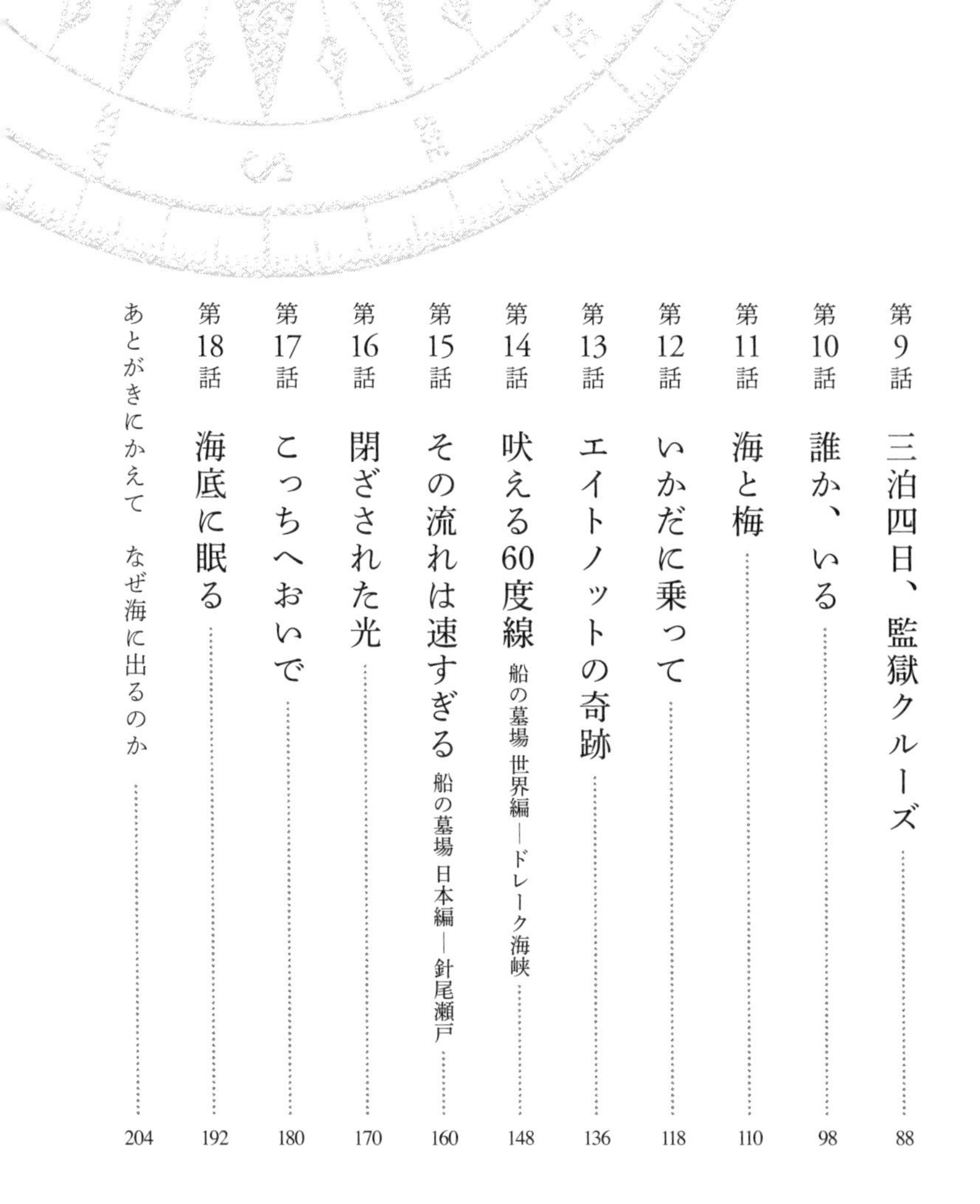

第1話
海に墜ちる

死亡率が最も高い職業というのは、どこの国でも一致している。それは軍隊ではない。漁師だ。船から落ちれば、人はまもなく死に近づく。板子一枚下は地獄なのだ。軍艦とぶつかって沈めばニュースになるが、世界のあちこちで生じている漁師たちの数々の遭難は、人々の耳に届かない。

世界最高峰のヨットレースはアメリカズ・カップといわれているが、これは短距離レースである。一方、世界最高峰の長距離レースはボルボ・オーシャンレースという世界を一周するもので、ぼくの仲間がこのレースに関わっていた。

ニュージーランドのオークランドに寄港した際、ぼくは仲間たちに「行って来いよ」と声をかけ、華々しいスタートを見送った。ニュージーランドの次の寄港地はブラジルである。そして、ブラジルに到達するまでには〝船の墓場〟と呼ばれるドレーク海峡を抜けなければならない。船の墓場――そこは数々の船を呑み込んだ海の難所だ。ベテランのヨットマンの彼らならば乗り越えられるはずだった。

昼夜関係なく、船はずっと走り続ける。ライフジャケットはほとんど意味をなさない。海に落ちたとき、死までの時間を長引かせるだけだ。必要なのは、山と同じでハーネスである。ハーネスと繋がっているフックをライフライン（ハーネスを留める命綱）に取り付け、別の場所で作業する際は、一度フックを外し、次のライフラインに取り付けて移動する。つまり、常に自分とライフラインを繋いで落水を防いでいるというわけだ。このハーネスに繋がるライフライン、そしてフックに命のすべてがかかっていると言っていい。

その日、海は結構荒れていたのだと思う。夜の航海中、彼は船のドッグハウス上で作業をしていたのだろう。次のライフラインにフックを付け替えようと外したそのとき——。

魔の一瞬が訪れた。突然、強風が吹き付け、ブームというセールの下を支える棒が大きく振れて彼の頭を直撃した。彼の体は昏（くら）い夜の海へと放り出され、そのまま闇に溶けるように消えていった。
叫び声もない。響いたのはジャブンという残酷で非情な水音のみ――。
自分の身に何が起こったか覚ったときは、すでに昏い海中だっただろう。
彼の最期は、海だけが知っている。夜の海での落水は死に直結する。

あるとき、ぼくの友人がカロリン諸島までのクルーズを計画し、五、六人の海の男たちが集まった。船が南下していくにつれ、季節は夏へと変わっていく。みんな意気揚々と到着を待ち望んでいたが、一人の男が忽然と船から姿を消した。

彼は六〇代前半。口ひげを生やし、小柄な体型をしていた。ベテランの船乗りだ。そのときは短パン一丁だったという。長時間彼の姿が見えないことに気づいた仲間がキャビンからデッキに上がると、スイミングプラットフォームという船の一番後ろにあるバルコニーのような場所に、ロープに括られたもの言いたげなバケツがひとつ転がっていた。

これが海の恐ろしさだ。

そのときは昼間で波も穏やかだった。しかし、船というのは必ず予期せぬ揺れが来る。四方八方、どこから来るか予測不能で気まぐれな揺れが。

恐らく水浴びをしていたのだろう。しかし、誰も見ていない場所で、経験豊富な海の男ともあろう者が、自分の体をロープに繋がず水浴びをするのは迂闊であった。

彼はとてつもない悔しさを味わったと思う。助けてくれと叫んでも、デッキに誰もいなければ声は届かない。体は深く沈んでいき、船は走り去っていく。波間に見える、先ほどまで自分が乗っていた遠のいていく船。鼻腔に容赦なく入り込む海水。迫りくる死を前に、意識を失うまで何を思ったか――。

その事故から二年ほど経ち、冬が近づく一一月の終わり、ぼくはテレビの撮影現場にいた。ぼくが原作を書いた『夜光虫』がドラマ化されることになったのだ。この話は、すべてヨットの上が舞台だったので、ぼくのヨットで撮影しようという話になった。しかし、撮影するにあたって、伴走艇が必要となる。そこで、友人に声をかけて船を借りることにした。これが、カロリン諸島に向かう途中で死者を出した船だったのだ。

撮影クルーが乗船したところ、ぼくの船よりこちらの船のほうが大きかったので、ぼくの船を伴走艇にすることにした。死者を出した船をぼくが操縦し、伴走艇になったぼくの船は友人が操縦を担当した。

撮影は進み、あたりはすっかり暗くなってきた。遅くとも夜の八時までに終わらせないと、みんな船酔いしてしまう。海に不慣れな者にとって、疲労が船酔いへとつながる。

そこで、沖合で二隻(にせき)をくっつけて、撮影が終わった人間から一人、また一人と伴走艇に乗り移ってもらうことになった。

撮影も終盤に差し掛かった頃、若い男の役者が船酔いで苦しんでいるのに気づき、撮影が終わるまでキャビンで横になるように促した。キャビンにはベッドがあり、その上にはハッチがある。ハッチは透明なアクリル板で、閉めればその上を人が歩けるようになっており、デッキライトがついているので、ベッドで寝ながら見上げると、薄暗いながらも外の風景が見える。

撮影が終わって、テレビクルーも半分以上は伴走艇へと乗り移っていた。

そろそろ彼を呼びにいこうと、キャビンに向かって声をかけた。船酔いは治まったらしく、顔色が戻っている。撮影が無事に終了し、クルーも引き上げつつあることを伝えると、彼は不思議そうな顔をして訊ねてきた。

「あのおじさんは誰ですか？」

ハッチの上を音もなく人が歩いていったというのだ。見たこともない男性だと言う。もちろんその役者は撮影スタッフをみんな知っているし、クルーの多くは既にいない。

そこで、彼にどんな人だったのか訊ねた。すると彼は言った。

「口ひげを生やした小柄な初老の人で、こんな季節なのに短パン一丁だったんですよ」

ぼくの意識は一瞬で二年前に戻された――。

ヨットに乗っていると、「優雅ですね」とよく言われるが、船に乗るということは常に死と隣り合わせなのだ。

第2話
繋がってはいけない

パラオ諸島のペリリュー島。

赤道に近いこの島は、太平洋戦争の激戦地だ。

太平洋戦争史上、最も激しい八時間とも言われるアメリカ軍のペリリュー島上陸作戦。上陸後、二か月あまりにわたって日米の死闘（しとう）が繰り広げられた。

約七〇年前、美しい白砂のビーチとサンゴ礁の青い海は、銃声と叫び声が交錯する中、流血で染まっていたのだ——。

船から上陸しようとするアメリカ軍を迎え撃つためには、通常であれば海岸線に機銃をずらりと敷設（ふせつ）する。しかし、当然ながらアメリカ軍もそんなことは予想している。上陸作戦の前に、海岸線に向けて徹底的に絨毯（じゅうたん）爆撃を行うのだ。いくら機銃を並べても、大量の艦砲射撃と飛行機からの爆撃ですべてが破壊される。

日本軍もそれを読んでいた。そこで、機銃は海岸線に一切置かず、島内の洞窟（どうくつ）に保管しておくことにしたのだ。ペリリュー島のたくさんの洞窟を要塞化（ようさいか）することで爆撃から逃れることとなり、武器をすべて洞窟に隠してアメリカ軍に大打撃を与えた。

ペリリュー島の戦いでは、日本軍約一万五〇〇〇人中、生存者はわずか三四名。しかし、洞窟陣地などを利用した日本軍の組織的なゲリラ戦法はアメリカ軍を苦しめ、のちの硫黄島（いおうじま）の戦いへと引き継がれていく――。


ぼくは、パラオに二度、足を運んでいる。

一度は『鋼鉄の叫び』という小説を書くための取材、もう一度は家族との旅行だ。そのときに、パラオでいろいろと世話をしてくれたのが、ペリリュー島在住の中川さんだった。彼は戦死者の遺骨を拾いに来る人たちのため、現地に住み着いて日本人専門の民宿を営んでいた。

島内には決戦を行った日米軍の戦跡が多く残されている。

戦車、零戦（ぜろせん）などの航空機、破壊された停泊中の艦船や上陸用舟艇、司令部、弾薬庫、兵士の持っていた水筒、ヘルメット、そして日米両軍の戦没者の慰霊碑……島をめぐり、錆（さ）びだらけの朽ちた戦車や、ジャングルの中のたくさんの人骨を見た。

過去と今が繋がっていることをまざまざと実感させられる。

家族を連れていったとき、中川さんの案内で〝血に染まったビーチ〟と呼ばれる場所を訪れた。娘たちは何も知らず無邪気に貝殻を拾い、「あぁ、きれい」と言ってポケットに入れようとする。

「絶対に持ち帰っちゃダメだよ」

中川さんがあわてて言った。

「え、なんで？」

娘たちは不服そうだ。

「絶対にダメだ。持って帰っちゃいけない。悪いことが起こる。置いていきなさい」

中川さんは断固として譲らなかった。

ぼくも、そんなものを持ち帰るんじゃないとたしなめて、娘たちも渋々貝殻を戻した。

中川さんは多くを語らない。

けれど、その硬い表情からは、何か思い当たることがあるように察せられた。

ペリリュー島にはいわくつきの場所がいたるところにある。

そんな記憶も薄れかけた十数年後――。

娘婿が防衛大生だったとき、軍用機で硫黄島まで研修に行くことになった。

硫黄島もアメリカ軍をあえて上陸させて戦うという、ペリリュー島から引き継いだ戦法をとった。

アメリカ軍は三日程度で攻略できるだろうと高を括っていたが、結果的に硫黄島では一か月以上もの激戦を繰り広げることになる。


実際に硫黄島に行くと、洞窟がたくさんあるのがわかる。娘婿は、洞窟の内部に入っていって、過去の激戦の跡を目の当たりにした。

「いいか、君たち。ここにあるものを絶対に持ち帰っちゃダメだ。戻るときには靴の裏の泥を全部払い落としてきれいにしろ。自分のものを置き忘れるのもダメだ」

教官はそこにいる全員に言い渡した。


ところが、うっかり者の娘婿は、なんとその洞窟に自分の眼鏡を忘れてきてしまったのだ。しかも軍用機に乗るとき、靴の底についた泥も払わなかったという。

そして大学寮のある横須賀に戻ってしばらく経った頃――。

謎の高熱にうかされることになる。医者の診察を受けてもまったく原因がわからない。

やがて、高熱の苦しみからようやく解放された娘婿は、眼鏡を新しく作るために眼鏡屋へ出かけた。眼鏡は一時間ほどで出来上がり、実際にかけてみたが特に問題もない。眼鏡ケースを収めたバッグをカウンターに置き、代金を払っていたそのとき――バッグの中でパキッと何かが折れる音がした。

目の前の店員もその音を一緒に聞いている。

そこで娘婿はハッとしてバッグの中を探り、眼鏡ケースを取り出して蓋を開いた。

すると――買ったばかりの眼鏡のレンズが、真っ二つに割れているではないか。

店員は、これまでの知識と経験からしても、レンズがこんな割れ方をするはずがないという。レンズは交換してもらえることになったが、娘婿はそれどころではない。

新しい眼鏡を持って、すぐさま靖國（やすくに）神社でお祓（はら）いをしてもらい、どうにか事なきを得、今に至る。

国内外のあちこちに、現世の者が繋がってはいけない場所がある。

渦巻く怒りや悲しみ、憎しみや無念は、易々と海をも越える。

太平洋の海に浮かぶ島々に眠る戦いの記憶がその場から解き放たれたとき、何が起こるか——。

動かしてはならない、持ち帰ってはならない。その場にとどめておかなければならないのだ。

第3話

甘い誘惑

海に落ちて死ぬ。

たいていの人は末期に至るまでの苦しさを想像するだろう。

海水が鼻腔を覆い、空気を求め開けた口には容赦なく海水が流れ込む。咳込みむせて、にじむ涙もこぼれる唾液も虚しく海水に溶け込んでいく。手足をばたつかせても、まるで誰かに引っ張られるかのように体は海中へと引きずり込まれる。誰か助けてくれ。耳には、海上には聞こえない声にならぬ己の叫びと、水泡のごぼごぼとした音が鳴り響く。

息が――息がしたい。

けれど絶望的に息ができない、味わったことのない苦しみ。

苦しい、とても苦しい。

やがて無意識のままに、体が海水に包み込まれる――。


実際は違う。

息ができない苦しさを意識したとしても、それはほんの一瞬のことで、意識がすーっと抜けていくのだ。

これをブラックアウトという。

タンクを背負わずに深海へと潜っていくフリーダイビングという競技がある。当然、浮上するための空気を残して海面へと引き返さなければならないのだが、出場者は記録を作りたいがために限界まで頑張ってしまう。あと少し、あともう少しで記録が伸ばせる——。

そしてブラックアウトを引き起こす。

生還した体験者にそのときの感覚を聞くと、なぜか苦しくないと言うのだ。痛くも辛くもない。むしろ、気持ちいいのだと。

これは罠だ。自然が人間の体をつくったとき、死に甘い囁(ささや)きを与えたのだ。人間は苦しみが限界に近づくと、誘われるがまま死に向かっていく。

どうしても生き残るという強靭な意志がなければ、その誘いを撥(は)ね返すことは難しい。多くの人間は、この苦しみから抜け出して楽になれるという誘惑に負けてしまう。

たとえば、海を漂流して三、四日経つと幻覚が見えてくる。かつて親しかった亡者があらわれ、母親のように手を差し伸べてくる。そして、苦しさと孤独からの解放を思い、その手をつかむように「お母さん、今から行くね」と、静かに消え入るように海に飛び込み、沈んでゆく。

死の苦しさは、そこにはない。


漂流ではなくても、海の世界で自死は起きる。海に浮かぶ船の上には逃げ場がない。逃げるとは、海に落ちることであり死を意味する。

船という狭い密閉空間での人間関係がこじれ、孤立すると、船から逃げ出したい誘惑に駆られる。船外は海と空、どこにも行き場がない。それゆえか、海上自衛隊の自殺率は高くなりがちだ。彼らは戦いが怖くて自殺するわけではない。人間関係に行き詰まったとき、船内で首吊りをしたり海に飛び込んだりして、逃げる道を選ぶのだ。

実際、知人の海上自衛隊員A君も、防衛大在学中、寮で自殺に遭遇した。

防衛大生には、毎月給料が支払われる。授業料は無料で全寮制なので、優秀なのに大学に行くお金がないという学生も結構多い。適性より経済性を優先した入学者が存在するわけだ。

自衛隊は命令系統が命、完全なる体育会系組織だ。しかも、全寮制で学生数は一般大学よりも少ない。海上自衛隊は実船での訓練も多く、卒業演習として四年次には護衛艦による世界一周航海も待っている。世界といっても、そこは船という密室だ。ジレンマを抱えながら狭い世界で生きていると、ふとした瞬間に死の甘い囁きが聞こえてくる。

A君の同級生にも、明らかに自衛官に向いていない一人の若者がいた。とくに、彼は遠泳が不得意だった。自衛隊ではチームワークが非常に重要視される。遠泳の訓練の際も、チーム内から脱落者を出してはいけないので、他の人間が彼のサポートをしなければならなかった。そんな彼に対して陰口を叩く者もいたが、A君は何とか助けたいと、面倒見のいい気さくな性格から、何かと彼に声をかけるようにしていた。

ある日、遠泳の途中で、突然彼の様子がおかしくなった。奇声を発し手足をばたつかせている。Ａ君がすぐに泳いで向かい、彼をつかまえようとしたが完全にパニックを起こし、こちらを見ようともしない。首か肩につかまればいいだけなのに、引きつらせた顔中を海水にまみれさせながら「助けて」とかすれた声で叫び続ける。

「落ち着け！」と一喝して、やっと彼は我を取り戻した。Ａ君の首に手を回しながら、涙ながらに呼吸を整え、どうにか事なきを得た。

もともと大人しい性格の男だったが、その日を境にさらに言葉少なく暗くなっていった。Ａ君が何かあったら相談しろと言っても、彼から話しかけてくることは決してなかった。

その一件から数か月が経った。

寮では学生が二人一組で深夜の見回りを行う。その夜はＡ君が当番だった。静まり返る深夜の寮内を、異状がないかひとつひとつ確認していく。懐中電灯で足元を照らしながらバスルームの更衣室に入った。

明かりが消された真っ暗な室内に一歩踏み出した瞬間、首に何者かの腕が回される感触がした。続けて耳元で「助けて」という声が響く。

全身が粟立ち、驚いて懐中電灯で室内を照らすと、まずは宙に浮いた脚が見えた。さらに天井近くを照らせば、彼がぶら下がっている。

首吊りだ。


死を確認したのと同時に、首に残った感触が、海中で彼を助けたときのそれと全く同じものだと気づいた。もがきながら発した「助けて」という言葉も。

あのときの光景や、その後の彼の翳った表情が一瞬で胸に広がった。

助けられずにごめん。

何も力になれなくてごめんと心で繰り返しながら、すぐに報告へと向かった。


彼の自殺から一年が過ぎた頃、防衛大に一人の女性が入学してきた。しかも、一般大学を卒業してから、わざわざ入りなおしたという。年上の、どこかミステリアスな雰囲気を漂わせる美女だった。

たまたま話す機会があったので、A君は興味本位で彼女になぜ防衛大に来たのか聞いてみた。すると、静かに彼女が答えた。

「私の弟が、ここで首を吊って死んだんです。なぜ自ら死を選んだのか、私はそれを理解するためにここに来ました。一体弟は、どんなところで、どんな暮らしをしていたのか、それを見てみたかった。経験してみたかった」

現場で暮らすことにより弟が死に向かった理由を理解したのか、結局、彼女は一年後に退学した。


集団が醸し出す特殊な雰囲気は、どこか船の上と似ている。夜半、密閉された狭い空間から逃れたいと思ったとき、外に広がるのは昏い海だ。月明かりが照らす、ぬめぬめとした光をたたえる海。波のひとつひとつが、やわらかく「おいで、おいで」と、残酷な厚意で語りかける——。

逃げ場のなくなった人間に、「楽になればいい」と甘美に囁き、死は優しく手を差し伸べてくる。

第4話
漂流する足首

『リング』、『楽園』、『光射す海』。

一九九〇年前後のほぼ同時期、ぼくはそれぞれ約五〇〇枚の長編を書いた。『楽園』で小説家としてデビューする前に、長編を三本持っていたということは、自分にとって非常に有利に働いた。『リング』の続編の『らせん』を書くことに集中できたからだ。

三作の中で、『楽園』と『光射す海』は南太平洋を舞台にしている。いずれ自分の船を買って海に出ようと思っていたこともあり、漂流するシーンばかり想像した。海原に出て、迂闊なことをしたら漂流しかねない。一体漂流とはどのようなものなのか、そしてそのとき、人間はどのような心理状態に陥るのか、架空の航海に思いをめぐらせた。

『楽園』では、個性の異なる乗組員が漂流によって分断されていく様を、『光射す海』では乗った船から落ちて漂流する男の姿を書いた。

これらの物語の背景には、ひとつの忘れられない取材がある。

当時、芝居をやっていたときの友人がマグロ船に乗ったことがあると知って、彼の話を聞いてはイメージを膨らませていた。

そして、そのイメージをさらに具象化しようと、好奇心の赴くままにオートバイを飛ばし、三浦半島の三崎港へと向かった。三崎は、関東のマグロ漁の基地である。飛び込みで、マグロ漁船の船長をつかまえて話を聞いてみようと思ったのだ。

今では東南アジア出身の乗組員がほとんどだが、当時は日本人の乗組員も多かった。そしてその多くは〝荒くれ者〟だ。

マグロ漁船で働くと、大漁であればあるほど分け前が増える。優秀な船頭であれば、魚群を探し当てて、満載で帰港することもある。そうすると、乗船から一年半後には、下っ端の船員でも数百万円を手にすることができるのだ。

博打(ばくち)のようなものなので、船から下りたのち、金がなくなったら舞い戻ってくる者もいれば、陸上にいられなくなって再び乗船してくる者もいる。

喧嘩で刃傷沙汰を起こし、警察から逃れるためにマグロ漁船に乗り込むケースもあったという。乗せるほうも、それをわかっていて乗組員に加える。マグロ漁の場合、一度航海に出ると、一年〜一年半は戻ってこられない。乗せてやるから、そのかわり一年半はマグロ漁の仕事に耐えろということだ。

目の前に城ヶ島が浮かぶ三崎港には、白いマグロ漁船がずらりと並んでいた。潮風に吹かれながら歩いていると、いかにも漁師然とした浅黒く日に焼けた初老の男性が目に入った。

マグロ漁船で働いているのかと声をかけると、ヤニだらけの歯を覗かせて笑った。

「そう。俺、船長やってるんだけどさ、本当はもう出航しなきゃなんねぇんだけど、人が集まらないの。お兄ちゃん、乗らない？」

その誘いは丁重に断って、マグロ漁船を舞台にした小説を書こうと思っているので、取材したい旨を伝えた。すると、暇だからと漁船事務所に来いと言う。

事務所の中は乱雑で、魚のにおいが充満していた。手始めに、ヤバそうなやつを乗せることがあるのか聞くと、当たり前のようにあると言う。

「ヤバくたっていいんだよ。ちゃんと働いてくれさえすれば」

その話を発端に、過去の経験を根掘り葉掘り聞いていった。

なかでも記憶に残っているのが、別の港にいる船長から聞いたというエピソードだ。

二〇人ほどの荒くれ者たちが、閉ざされた世界で生活するのだから、喧嘩は日常的に起こる。逃げ場のない船上で、本来もっとも重要な協調性は、ちょっとしたことでいとも簡単に崩れていく。

船員みんなから嫌われていた爪弾き者で、人を殺したという噂がある喧嘩っ早い男が、喧嘩で殺されたという。

甲板に転がる死体を見て、船長は唸った。

船上での殺人を経験したのは、それが初めてではなかった。

船で死者が出たときは、船長の判断で水葬してもいいということになっている。そのまま置いておけば、腐敗が進み病原菌が繁殖する可能性もある。だから、前回は死体を海に捨てて終わらせたのだが、「せめて骨の一部を持ってきてほしかった」と、涙ながらに遺族に言われた記憶が蘇ったのだ。

喧嘩で落水したのであれば水葬したのと同様だが、今回はデッキの上で起こった殺人だ。遺体を持って帰ろうと思えば、冷凍庫の中に入れて持ち帰ることもできた。しかし死んだ男は、ナイフで胸を突かれている。

思いを巡らせて舳先を見ると、ちょうど無人島が見え隠れしている。そこで船長は、ボートに死体をおろして、島で火葬することにした。死因は病気などと適当に理由をつけて、骨だけは遺族に渡してやりたいと思ったのだ。

テンダーボートをおろして、乗組員たちは無人島に上陸した。

皮肉なもので、協調性を削ぐ要因だった男が消えたことで、残った乗組員たちは協力的に作業を進め、やぐらを組み、枯れ葉や枯れ枝を詰め込んで火葬場はあっという間に完成した。

死体を燃えやすい場所に配置して、全員が見守るなか、船長が火を放った。火の粉をまき散らしながら、炎が空高く昇っていく。

黙していても、全員の思いはひとつだった。

殺人の事実はなかったことにするのだ。

一時間ほど経っただろうか。

火がほとんど消えたので、骨を拾うために乗組員たちは再びやぐらに集まった。灰を取り払うと、そこに右の足首から下だけが、焼けずに転がっている。

なぜ、足首だけが……。

その場にいた者たちは思い出したはずだ。喧嘩になると、この男はすぐに右足を鋭く蹴り出してきたことを……。

他の体の部分はほぼ跡形もないのに、そこだけが、まるでさっきまで歩いていたかのような生々しさを放っている。

指の一本一本、爪の形……顔貌(がんぼう)より、なぜか当人を色濃くイメージさせる妙に存在感のある物体。

焼け残った単なる体の一部にすぎないのに、もの言いたげにさえ見えてくる。

俺を殺して、勝手に焼きやがって……。

みんなが声も出さず慄(おのの)いていると、一人の男がおもむろにその足首をつかみ、海に向かって放り投げた。宙に大きく弧を描き、それは遠くの波の間に消えた。

そこにいる誰もが、今見たものを忘れようとしていた。

その後、船は帰還して、骨は遺族の手に渡った。妻と、小さな男の子だった。

海上保安庁には、決めた通りに、みんなで口裏を合わせた。

殺人の事実も、屈強（くっきょう）な男の肉体も、今ごろ海中のどこかで漂流する足以外、現実から消えた。

暑がりのぼくは、真冬でも、布団から足先を出して寝る。この話を聞いてからしばらくは、火照（ほて）った足を意識すると、まるで目撃したかのように、荒くれ者の乗組員の焼け残った足首を思いうかべた。

太陽が落ちて、昏い波のまにまに漂う足首に、帰る場所はもうない。

第5話

海に沈むエレベーター

一九九〇年に次女が生まれた頃のぼくは、三五平米１ＤＫのマンションに家族四人で住んでいた。寝室として使用した部屋はたったの四畳。子どもが一人のときは親子三人で川の字になって寝ていたが、二人になるとそれも難しくなった。そこで、娘たちを寝かしつけた後、斜向(はすむ)かいにある二三平米の仕事部屋に移動して寝るようになった。

子どもの頃から、一度寝たら朝までなかなか起きないタイプなのだが、夜に一人で寝ていて、ふと目が覚めてしまうことがある。たとえば地震の前に、何となく目が覚めて、あ、これから地震が来るなと予知してしまうのだ。

次の瞬間、世界が揺れ始める。そのようなことが幾度もあった。

その頃のぼくは、小説の題材となる海のことばかり調べていたためか、夢の中でも海のシーンがよく出てくるようになっていた。

やはり、夜中に突然目が覚めたある夜。

午前二時半を過ぎたくらいだっただろうか。目覚めると同時に、これから何が起こるかを察知した。

――ドアのチャイムが鳴らされる。

すると次の瞬間、ピンポンピンポンと、二回チャイムが鳴った。

鳴らし方が違うので、妻でないことはすぐにわかった。そもそもこんな時間に誰かが訪れてくるはずもない。

おかしい。これは絶対におかしい――。

暗い部屋で一人、いつになく皮膚が粟立つ。恐怖を感じ、チャイムの音は聞かなかったことと頭の中から追い払おうとしたが、やはり気になる。

すっかり目が覚め、ベッドから起き上がって足音を立てないようにドアのそばへ近づき、ドアスコープの魚眼レンズを覗き込んだ。

しかし目の前には、ぼくの部屋の真ん前にあるエレベーターのドアが見えるだけ……。

それでも目を凝らしていると、エレベーターの階数を表示する点灯が動いていることに気づいた。

じっと見続けていると、最上階の四階からぼくの部屋のある三階に移ったところで点灯は動かなくなった。

　誰かが降りてくるのか――。

　しかしドアは開かない。そして、エレベーターは二階、一階へと下がっていき、また二階、三階、四階と行ったり来たりしている。

　まず思ったのは、この動きをエレベーターができるかどうかだ。四階のボタンが押されたから四階へ行くはずなのに、四階でドアが開閉する間もなく、また三階、二階へと下っていく。

　これはどういうことなのか。

　さらにしばらく見ていると、この動きがふいに止まって三階でぴたりと動かなくなった。

　好奇心が恐怖心に勝（まさ）り、ドアをそっと開けて、エレベーターホールと共有廊下の左右を、恐る恐る見渡してみる。

　誰もいない――。廊下は物音ひとつなく静まり返っている。

　収まりのつかない思いを抱えたままだったが、仕方なくその日は再び寝ることにした。

そのマンションには住み込みの管理人がいたので、翌朝になって昨夜のエレベーターのおかしな動きについて尋ねてみると、

「あぁ、住人に変わった女性がいるからそのせいじゃないですか?」

と言われた。

いや、そうじゃない。どの階でも人の乗り降りがあったようには考えられない動きなのだ。

エレベーターのあの動きを説明しても、管理人には「そんなことはあるはずない」と一蹴されてしまった。「寝ぼけていたんじゃないですか」と苦笑まじりに言われる始末だ。

疑問は深まるばかりだった。


その出来事から一週間が経つ間も、海の夢ばかり見ていた。

同じように仕事部屋で寝ていたある日、また夜中の二時半頃にぱっと目が覚めた。そのときぼくは脈絡なく思った。ここは海なんじゃないか——。

熟睡していて突然目覚めたとき、今自分はどこにいるんだろうと感じたことは誰しもあると思う。それと同じ感覚で、自分は海にいると確信したのだ。ベッド

の上で微動だにせず、じっと部屋の雰囲気を感じ取っていた。

普段の空気感と何かが違う。拭い切れない違和感が全身を包み込んでいる。違和感の元は、水だ。そこらじゅうに濃厚な水の気配が漂っていた。皮膚がそれを感じ取っている。


そのとき――。

ピチャン……ピチャン……。深夜の無音の中、どこからか水が落ちる音がする。

水の気配の原因を確かめようと、ベッドから床に足をおろした瞬間、足が水の感触をとらえ、床が水浸しになっていることに気づいた。くるぶしまで水に浸かる。

これはまずい。足を水に浸しながら音の出どころを探すと、玄関にある給水器のパイプがずれて、そこから水が噴き出していた。

廊下に出ると、エレベーターホールまで水が流れ込んでいる。驚いて自宅で寝ている妻を起こし、バスタオルをあるだけ持ってくるようにと命じた。被害が自分の部屋だけならまだしも、下の階にまで影響を及ぼしたら大変なことになる。

とにかくバスタオルに水をしみこませて応急処置をするしかない。

一～二時間は水と格闘していたと思う。水を吸い取っては洗面所で絞り、吸い取っては絞り……と繰り返し、夜が白々と明け始めた頃には、すっかり疲労困憊していた。ほぼ徹夜のまま、子どもたちを保育園へ連れていった。

管理人に事情を説明して、エレベーターの点検をしてもらったが、どうにか事なきを得た。下の階の住人に事情を話しに行くと、バスルームの天井から水が落ちていたという。丁重に謝罪したところ、まったく意に介していないらしく、別に構わないと快く許してくれた。


数日後、ぼくは家族とマンションの屋上へ行った。屋上には貯水槽の整備のために業者が行くためだけの小さなスペースがある。ぼくたちは夏になると、そこでよく花火をやった。

その日、屋上で見慣れないものを発見した。

女もののバッグだ――。落とし主のヒントになるものがあるのではと開けてみると、中に緑色のセパレートの水着が入っている。なぜこんなものがこんな場所に――。

物干し場があるわけでもない、業者が来るためだけの場所に、なぜ女もののバッグが放置されているのか。

ぼくの小説『仄暗い水の底から』は、この出来事から着想を得ている。水着を見たとき、ひょっとしたら、このバッグの持ち主の女性は、貯水槽の中で泳いだんじゃないかと想像したのだ。

一応拾得物なので、屋上に落ちていたことを伝えて、その水着が入ったバッグを管理人に渡した。忘れ物の貼り紙とともに管理人室の前のカウンターに置かれたが、一週間ほどするとカウンターから消えていた。

管理人に持ち主が現れたのか聞いたが、誰も来ないので、マンションの規定に添った期間を待ち、処分したと言う。

数日後、思いがけない場所で再会することになる。

分別ゴミを捨てようとマンションのゴミ集積場にあるゴミ箱のフタをパッと開けたら、バッグが放り込まれていたのだ。緑色の水着がバッグの口から覗いている。管理人が捨てたのだろう。それ自体はおかしいことではないが、一連の不思議な出来事が頭をかすめて、一瞬、背筋に緊張が走る。

ゴミ箱の中で場違いな存在感を放つ緑色の水着。ゴミの中から何かを訴えかけてくるような不穏な空気——。

慌ててすぐにフタを閉じた。

真夜中のチャイム、行ったり来たりするエレベーター、濃厚な水の気配、持ち主不明の水着……、果たしてこれは偶然の重なりだったのか。

海をめぐる物語に溺れていると、何かを引き寄せてしまうのだろうか。

夜中の目覚めは恐怖への入り口だ。

自ら目覚めたのか、それとも誰かに起こされたのか——。

答えを知ったとき、取り返しのつかないことが待っているのかもしれない。

第6話　黒い石の願い

今から一五年ばかり前、某航空会社の機内誌の取材で、ハワイに行くことになった。

すでに何度も機内誌でハワイを取り上げていたからか、ぼくが行くことになったのはオアフ島でもマウイ島でもハワイ島でもなく、モロカイ島だった。日本人観光客がそれほど多くは訪れない島だ。

モロカイ島唯一の街、カウナカカイのホテルに滞在して、日中は、カメラマン、編集者、通訳兼現地コーディネーターと四人で島をめぐり、夜はホテルのバーで飲んだ。


ホテルのバーテンダーから聞いた話だ。

彼は、ぼくが作家だとわかると、ちょっと不思議な話があるんだよ、と話し始めた。

ぼくの拙い英語だと、すべての情報を正確にはつかめない。だからこの話は、現地コーディネーターの通訳を介して聞いた話だと思ってほしい。

ぼくがモロカイ島を訪れたときから、さらに一年ばかり前のこと、アメリカ人の若いカップルが、このホテルに泊まりにきたという。仮にロジャーとジョアンナとしておこう。

彼らはサンフランシスコで結婚式を挙げて、ハネムーンでオアフ島にやってきた。その際、どうせならみんなが行かない島に行こうという話になって、モロカイ島まで足を延ばしたのだ。しばらくすると、ロジャーはホテルの人間とすっかり打ち解けて、プライベートな話もするようになった。

ロジャーは優柔不断な優男(やさおとこ)で、一方、ジョアンナは率先して相手を引っ張るタイプだった。二人は長く交際していたものの、ロジャーは彼女との結婚に自ら踏み出そうとしたことはなかった。もっと言えば望んでいなかった。しかし、結婚する気はあるのかないのかとジョアンナに激しく問い詰められ、流されるまま結婚してしまった節がある。

案の定、ハネムーンに来てみたら、自分はのんびりしていたいのに、あちらこちらに引きずり回され、この結婚は失敗だったと薄々感じ始めていた。

モロカイ島に来たのも、ジョアンナの提案だ。彼女の手に握られた雑誌には、モロカイ島の断崖絶壁が、〝the highest sea cliff in the world（＝世界で一番高い海食崖）〟というキャッチコピーとともにグラビアを飾っていた。それは崖の上からでは見えない。海側からしか見えないのだ。

ジョアンナはこれを海から見たいと言い出した。ロジャーは乗り気ではなかったが、まあそんなに行きたいならと、半ば引きずられるようにしてモロカイ島までやってきたのだ。

世の中には、アルバイトをしながら船で世界を回っている人たちがいる。それぞれ現地のホテルに、ヨットをチャーターしたい客を紹介してもらうのだ。ホテル側はマージンを取り、実際に客の需要もあるから一挙両得というわけだ。

ぼくがニューカレドニアでヨットをチャーターしたときも、コンシェルジュに聞くとホテルのツアーデスクを紹介された。ぼくにヨットを貸してくれたのは、五〇フィートほどのカタマラン（双胴船）で世界中を航海しているフランス人のカップルだった。

そのホテルにも、登録されているボートが何艘かあった。ジョアンナはホテルに話をして、船長とクルーを紹介してもらい、浮かない表情のロジャーとともに、翌日指定された場所へとレンタカーで向かった。

待ち合わせ場所の小さな湾に到着すると、沖合のブイに係留されて二五フィートのボストンホエラーが浮かんでいる。これが目当てのボートのようだが、そこには桟橋がない。


依頼を受けた船長とクルーの二人がボートのデッキに立って、ロジャーとジョアンナの名前を呼んでいる。ジョアンナが手を振ってあいさつすると、二人がこっちに来いと手招きする。

来いと言われても、ボートは海に浮かんでいるのだ。ロジャーはさらに不機嫌になった。

「なんだよ、桟橋がないから歩いてこいと言うのか?」

水着を着てくるように書いてあったのは、これが理由か。手には昼食のサンドイッチを抱えている。

ロジャーはボートまで歩いていくことに躊躇していたが、ジョアンナはまったく意に介さない。

「何してるの？　行くわよ！　来いって言ってるんだから、行けばいいだけじゃない」

と、ロジャーを置いてジャバジャバと浅瀬を歩き始めた。

仕方なくロジャーも愚痴をこぼしながら歩き始めたが、なんのことはない遠浅の海で、大して濡れることなくボートへとたどり着いた。

仮に、船長はデュボア、クルーの女性はナキとしておく。ともにネイティブ・ハワイアンで、褐色のなめらかな肌をしていた。

二人はロジャーとジョアンナを「ようこそ」と歓待してくれた。お互いを紹介し合い、早速出発することになった。

「さあ行くぜ！　シークリフを見に行こう！」

デュボアはブイのロープを慣れた手つきで取って、意気揚々と叫んだ。

ぼくが世界中で船を借りてわかったことは、彼らクルーはチャータークルーズの途中で釣りをやることが多いということだ。観光客を乗せながら、「ちょっと待て」と、釣り道具を出してきてセットする。客を目当ての場所へと案内しながら、ついでに漁もやってしまうというわけだ。

デュボアとナキもそうだった。

しかも、このときは奇跡的に、シークリフに行く途中でキハダマグロがどんどん釣れた。

デュボアは驚いた。

これはすごい。こんなこと今までなかった。市場価格数百ドルの魚が不思議なくらい次々とかかる――。

そこにまた、釣竿の手元に手応えが走った。

今度はさらなる大物だぞ――。

シークリフに着くと、ジョアンナは断崖絶壁を見て、歓喜の声を上げた。絶景を見ながら船上でランチを食べ、大いに満足したようだった。そして船は来た航路を戻り始めた。

するとと今度は釣り針に大カマスがかかった。市場に流せば、月収分くらいにはなるだろう。彼らにとって、一か月分の収入だ。デュボアもナキも大喜びで、明らかに高揚していた。

そんな三人の姿を、ロジャーは半分ふてくされながら眺めていた。

狭いボートで、日差しを遮るものといえば、ビミニトップと呼ばれる小さな屋根だけ。しかも布製だから、できる日陰はわずかばかりだ。ロジャーは日陰を探してあっちに行ったりこっちに行ったりと落ち着かずにいた。

ジョアンナのほうはというと、日差しなどお構いなく滅多に見られない絶景を満喫している。そんな姿を横目にロジャーは「こんなところに連れてきやがって」と、苦々しく思っていた。

そのとき、ポケットに入れた指先に石が触れ、思い出した。

ああ、あそこで拾った「石」だと。

ロジャーとジョアンナは、指定された小さな湾に来る途中時間を持て余して、鬱蒼（うっそう）とした茂みにある神殿のような場所に立ち寄っていた。

そのとき――。

「ハネムーンですか」

と、ネイティブ・ハワイアンの老人に声をかけられた。笑顔で「はい」と答えると、老人はガイド役を申し出て、神殿の由来を解説してくれた。

目の前にある台座には、平べったい黒い石がたくさん積まれている。

「ここは昔から祈りを捧げてきた神聖な場所です。ここで生贄（いけにえ）の多くの血が流されたと言われています。この黒い石を持って帰ってはいけませんよ」

「持ち帰るとどうなるんです？」

ロジャーは興味本位で聞いた。

「そうですね……君たちみたいな結婚したばかりのカップルが離婚するとか」

愛想のいい老人の冗談かと思い、笑い返そうと老人を見るが、その無表情には笑みのかけらも見えない。

一瞬、老人の目の奥で何かが光ったように見えたのは、気のせいか。

ロジャーはそれを聞いて思った。

イニシアティブを妻に握られて引っ張り回され、これが今後の人生もずっと続

第６話　黒い石の願い

くなら、それ以上のどんな悪いことが起こるというのか。

離婚……別れるのもいいかもしれない。

幸い、婚姻届はハネムーンの後に出す予定だったし、今なら、お互い傷も浅いだろう。旅行で相手と合わないことがわかって離婚するなんて、よくある話じゃないか。

お守りにするような気持ちで、ロジャーは黒い石をこっそり取ってポケットに入れたのだった。


ボートの上で、掌（てのひら）の黒い石を見つめながら、ロジャーは思った。この船で、今まで経験したこともない大漁だという。

この石が、悪いことではなく、いいことを呼び寄せているんじゃないのか？

デュボアとナキが興奮気味に話している。

「今日はついているぞ！　彼らを送り届けたらもう一度漁に出よう！」

「絶対に行こう！　だって、今日はこんなに運がいいんだから」

午後三時を過ぎて、ボートは元の小さな湾へと戻ってきた。二人がボートを下りるときも、デュボアはすっかりご満悦の様子で、「一五〇ドルでいいよ！　こんなに大漁なんだから」と言った。

「負けてくれてありがとう」

ロジャーはそう返しながら、感謝の印に幸運の黒い石をこっそりとコンソールボックスの中に放った。グッドラックと言い残して、また浅瀬の海をバシャバシャと歩き出す。

後ろでは、ボストンホエラーが再び沖を目指して動き始めた。


ロジャーとジョアンナは、体を拭いてレンタカーに乗り込み、崖の頂上へと続く坂を上っていった。すると、遠くから黒い雲がこちらに向かって流れてくるのが見えた。先ほどの紺碧の空とは打って変わって不気味なほどの暗雲だった。

「天気、急変しそうね」

「大丈夫かな？」

と、口々に言い合いながら、雲に向かって車を走らせる。その後、ホテルに着いてすぐ、外は大嵐になった。


翌朝、ロジャーはデュボアとナキのことが頭から離れなかった。持ち出してはいけないと言われた黒い石を神聖な場所から持ち出し、無断で船内のコンソールボックスの中に放り投げたのだ。ヤバいかな、大丈夫かなと、悶々としながらホテルのツアーデスクに向かった。

何事もなかったかのようにロジャーは尋ねた。

「船長とナキ、戻ってきた？」

「なんでそんなことを聞くんですか？」

デスクにいたスタッフはハッとした表情だ。明らかに驚いているようだった。訝(いぶか)しげにロジャーを見つめてくる。

「いや、昨日船を下りてすぐに嵐がきたから、なんだかふと心配になって」

「……それが、連絡がつかないんです」

結局その日の昼になって、ボストンホエラーが転覆しているのが発見された。デュボアとナキの姿は、どこにもなかった。

転覆した船を想像したとき、ロジャーの頭の中には、コンソールボックスに入れた黒い石が宙に放たれ、海にすーっと戻っていく姿が浮かんだ。もともと黒い石は、海から拾ってきて祭壇に載せたものだ。

海は石にとっての故郷とも呼べるもの。コンソールボックスの中に閉じ込められるのを嫌がって、船を転覆させ、黒い石は故郷に戻ろうとしたんじゃないだろうか。

ロジャーは自分がしでかしてしまったことを後悔して、罪悪感に耐え切れずホテルの人間に洗いざらい話したのだ。

世界各地には、生贄を捧げた場所がある。マヤ文明の遺跡に行ったときも、現地の人間から「絶対に石を持ち帰るな」と言われた。

さらに不思議なことに、不吉なことが起こる前には、なぜか大漁になることが多い。

天はときに災厄を知らせようとして前触れをみせる。

警告が届かなかったとき、あるいは無視したとき――。

猛烈な後悔の念に襲われても、すでに手遅れなのだ。

第7話 のび太君、船を買う

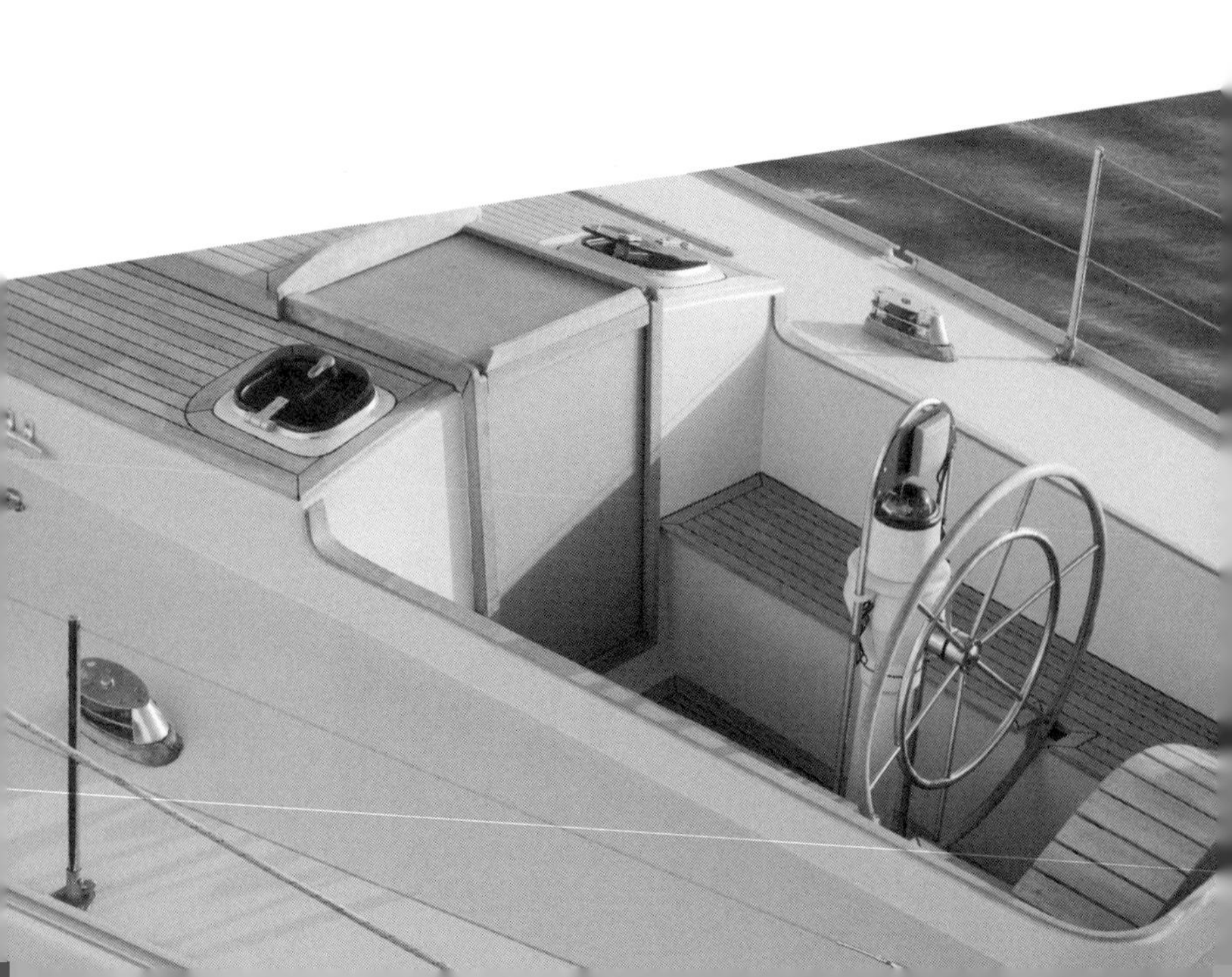

ぼくの友達に、海辺に住んでいるセミプロのダイバーがいる。名前を仮に、のび太君としておこう。彼は海に潜るのが大好きで、しょっちゅうダイビングを楽しんでいた。

ある日、タンクを背負って潜っていると、偶然大量のアワビを発見した。欲をかいたのび太君は、籠を持ってきて再び潜り、次々とアワビを籠の中へと放り込んでいった。近くには旅館が建ち並んでいて、持っていくといい値段で売れるのだ。

すっかり欲に目がくらんだのび太君は、タンクの空気が限界になるまで夢中になってアワビを採り続けた。そして、もうこれ以上は無理だというところで浮上しようとしたが、アワビが重くて思うようにいかない。もうすぐ海面に届きそうなのに、どうしても重みで沈んでしまう。

息を思いきり吸い込んで肺を膨らませると、浮力によって浮きあがる。しかし、水面の直前で苦しくなって空気を吐き出してしまい、またスーッと落ちていく。

その度にタンクの空気もどんどん減っていった。

浮沈を何回か繰り返したのち、欲の皮がようやく剝がれ、アワビを少し捨てて浮上することに成功した。空気の残量が残りわずかというところで、どうにか九死に一生を得たが、のび太君にはそんな一面があった。


その一件から、半年ほど前の話である。

のび太君には、巧(たくみ)君という友達がいた。巧君は四人兄弟で、建設会社の社長の息子だ。長男が社長を継いで、次男が専務。巧君は常務を任されていたが、彼は仕事が大嫌いだった。常務の給料は得ていたが、肩書きがあるだけで、実際は好き勝手に遊んでいた。

仕事はまったくしていなかったが、こと海に関しては何でも得意で、自分のヨットも持っていた。しかも、彼はその名の通りとても器用で、ヨットの修理もお手の物だ。建設会社にいたため、資材や部品も簡単に手に入れることができた。

ある日、巧君は、友達の岩男(いわお)君が事故を起こしたと聞いた。岩男君もヨット乗りで、二六フィートのヨットを所有していたのだが、座礁して船底を岩にぶつけてしまったという。しかも破損は大きく、全損にするしかないらしい。

車を廃車にする費用は一〇万円程度だが、船となると一〇倍に跳ね上がる。しかも、専用の保険に入っていないので、修理するとなると、さらに金がかかる。

そこで巧君は、思うところがあって岩男君に話を持ち掛けた。

「岩男君、この船どうするんだ？」

「いやあ、参ったよ。修理しようにもできないし、廃船にも金がかかるし」

「じゃあ、俺にちょうだいよ」

「え、引き取ってくれるのか？」

「ああ、俺が引き取る」

「そりゃありがたい。ぜひ頼むよ」

岩男君にとっては渡りに船だ。ふたつ返事でこの話を受け入れた。

巧君は、破損した船を漁港まで引っ張っていって陸に上げ、毎日そこに通ってはコツコツと修理に勤（いそ）しんだ。会社の仕事はしないので、たっぷりと時間はある。

たった半年で新品同様まで蘇らせた。

巧君はいい船に仕上がったと満足したが、そもそも自分はもっと大きなヨットを所有している。そこで頭に浮かんだのがのび太君だ。


のび太君は、ヨットも得意だったが、まだ所有したことはなかった。さまざまな船のクルーとして活動していて、いつかは自分のヨットを持ちたいという願望は常にあった。それを巧君も知っていて、この船を売りつけようと企んだのだ。

「この新品同様の船、おまえ買わないか？」

ただで手に入れて、会社からくすねた部品で直したことは伏せて、のび太君に言った。

「いくら？」

のび太君はそんなことも知らず、ためしに聞いてみた。

「三〇〇万でいいよ」


のび太君にしてみれば、渡りに船だった。三〇〇万？　相場よりも随分安い。このチャンスを逃す手はないと、話に乗った。

ようやく、のび太君も自分の船を持てることになったのだ。意気揚々と船を漁港におろして、自分で整備と点検を行い、上機嫌でエンジンをかけることにした。

このときのび太君は大きなミスを犯そうとしていた。狭いエンジンルームに気化したガソリンが充満していたことに気づかなかったのだ。

のび太君がエンジンをかけた、その瞬間。

バン!!　と大きな爆発音が鳴り、炎がぶわっと立ち上がった。

一瞬、のび太君は何が起こったのかわからず、とにかく火から逃れようと海へ飛び込んだ。

海面から顔を出すと、炎に包まれたヨットが見える。何かが焦げる臭いがし、それが自分の眉と髪が燃えたことによるものだと知るのは、その後だ。

そのまま船は海の底へと沈んでいった。

のび太君は今でもピンピンしているが、眉毛はないし、頭はスキンヘッドだ。

ぼくが三〇年ほど前に小型船舶免許を取りに行ったとき、燃料が気化して充満している場合があるから、必ず換気をしてからエンジンをかけるようにと言われ

た。船の世界では、注意するべき基本的なことである。

海ではちょっとしたことが命取りになる。のび太君は髪と眉を焼いただけで事なきを得たが、これ以降、のび太君は爆発の中心に居ながらも生き延びた栄誉を称えられ、〝爆心のび太〟と呼ばれるようになった。

第8話
言われるがまま

カーナビの発祥をたどると、船のＧＰＳに行き着く。

大航海時代から、船乗りの最大の問題と関心は「今、自分はどこにいるのか」ということであった。自分のいる位置がわからなくなったらアウトだ。どこへ向かっているのか不明のまま、目的地のない旅へと放たれる。

「現在地を割り出す」のが航海術の要である。太陽や星の位置を観測したり、クロノメーターなどの器具を開発したりと、航海術は進化を続けてきた。そのなかで、発達したのがＧＰＳだ。現代では、船に必要不可欠の航海機器である。

最初に買った二四フィートのヨットにはＧＰＳがついていなかったので、航海に出るときは、モニター画面のない携帯用ＧＰＳを持参するようにしていた。

目的地に向かう間、ＧＰＳに表示される緯度と経度を、海図に書き込んでいく。復路は逆をたどればいいということになる。

晴れていれば周辺に岬などが見え、沿海なら目視でも行けるが、視界が閉ざされてしまうとそうはいかない。あるとき、復路でスコールに見舞われ、まったく視界がきかなくなったことがあった。しかし、海図に航路を記していたため、どうにか難を逃れて出発点へとたどり着いた。GPSに救われたのだ。船乗りにとって、GPSの有無は、命の行く末を左右する。

ところが、この頼みのGPSが稀（まれ）に狂うことがある。


イタリア南部、長靴の甲のあたりに、トロペアという中世の面影を残す街がある。そこから一〇〇キロメートルほどの沖合に、火山列島と呼ばれるエオリア諸島が浮かんでいる。

二〇一四年と一五年の夏、ぼくは二年続けてトロペアでヨットを借りてエオリア諸島に行った。一度目は家族と、二度目は船仲間たちとのクルーズだ。

しかし、実はこれらの航海時に、二度ともGPSやデジタル航海機器に不具合が生じたのだ。

一度目は、トロペアからストロンボリ島に向かう途中で異変が起こった。

はじめは、何かちょっと違うな、という淡い違和感だった。GPSを観て想像する風景と目の前の風景が合致しないのだ。

次のパナレア島に行く途中で確信に変わった。ＧＰＳのモニター画面で、自分の船が陸の上を進んでいたからだ。

表示を変えることはできないので、ずれていることを認識したうえで、どちらの方向に何メートルずらせばいいか、アナログな方法で割り出しながら進んでいく。想像の中で船首を正しい方向へ向かせて、無事に船を目的地のリパリ島に着岸させることができた。

二度目は、海の仲間たちと行ったリパリ島の帰り、トロペアに向けてオートパイロットを設定し寛（くつろ）いでいるときに気づいた。

オートパイロットとは、進むべき方位を設定してボタンを押すと、その角度に船が自動的に進んでいくというシステムだ。海が穏やかで、風向きが一定のときにしか使えないが、舵輪を握る必要がないのでのんびりと過ごせる。数値を入れて設定を完了したら、あとはクルーたちの人生相談に乗り、馬鹿話に花を咲かせていればいい。

ところが、ふと周囲を見渡すと、自分が記憶している風景とズレていることに気づいた。

港を出るときは、必ず自分の目で風景を覚えておくよう心掛けている。沖合で振り向いて確認しても、どこから出てきたのかわからなくなってしまうことがままあるからだ。岸壁と岸壁が重なり合って、航路のあるはずのところが、まるで門が閉ざされたように全部繋がって見える。

進行方向に向かいながらも、前の風景、真後ろの風景、左右の風景が変化する様子を、目で記憶して頭に叩き込む。

そうやって一週間前の出航時に記憶した景色と、目の前の景色がどんどんズレていったのだ。

オートパイロットの数値はすべて正確に合わせたはずだ。去年の経験もあるので、違和感をそのままにせず、海図を持ってきてクルーを集め、「今、我々はどこにいるのか」を考えた。

海図、ＧＰＳ、オートパイロット、何が誤っているのかがわからなければ、正確な場所はつかめない。さまざまな数値を比較検討した結果、犯人はオートパイロットだとわかった。突如として四〇度のズレが生じていたのだ。数値がわかれば、オートパイロットに打ち込む方位に四〇度プラスするだけだ。みんなで知恵を絞って無事に帰港することができたが、もし気づいていなければ北アフリカに上陸していたところだ。

そんなこともあって、ぼくは車を運転するときに、カーナビは使わない。道路網を頭の中に描き、緊急時のアナログの対処を組み立てながら車を走らせている。ところが、そんな深い思いも知らずに、安易にカーナビを持ち込んだ男がいた。編集者のH君だ。

沖縄や台湾、韓国に船で向かう長距離航海では、港に立ち寄っては人員を入れ替えている。延べ参加人数が五〇人から七〇人になるときもある。

ある年、沖縄へ向かう航海の途中で、和歌山のマリーナに立ち寄った。そこで、H君と合流することになった。

静岡の初島を出て、鳥羽や那智勝浦に立ち寄り、ようやく潮岬を回って和歌山あたりまで来ると、少しほっとした気持ちになる。ぼくは来たばかりのH君に提案した。

「もう海は飽きたよ。出港する前に山の温泉にでも行こう。レンタカーでも借りてさ」

早速、一時間以内で行ける近場の温泉宿を探し出し、H君がレンタカーの手配をすることになった。クルーたち四人での一泊温泉旅行。航海は、明日再開すればいい。

予約したのは、立ち寄り湯に宿泊施設がついた簡素な一軒宿だった。

レンタカーはH君が運転することになった。宿を告げると、「じゃあカーナビに電話番号、登録しますね」と、慣れた手つきでパパッと入力して車を発進させた。カーナビなんか使わなくていいというぼくの意見は、一切耳に入っていないようだった。

三〇分くらい車を走らせて、高速を降りた途端「次の角を右に曲がって下さい」「左に曲がって下さい」と、カーナビが機械的に話し始める。これが耳障りで仕方ない。機械に指図されるなんてまっぴらだ。

が、しかし、運転するのはH君なので、彼のやり方に従うことにする。

道は徐々に狭くなり、整備されていない田舎道に入った。しばらく車を走らせていると、前方に旅館の看板が見えてきた。〝ここを左折〟と大きな矢印が描かれていた。

ところが、カーナビはまっすぐ進めと指示を出す。看板の存在に随分手前から気づいていたぼくは、咄嗟（とっさ）に「左へ曲がれ！」と指示を出した。H君は我に返ったように左にハンドルをきった。

「ルートを外れました」

カーナビの嘆き声が車内に響く。

H君が本当に道は合っているのかと聞いてきたが、看板に「左折」と書いてあるんだから確かだろうと答える。ほどなくして、左手に目当ての旅館が見えてきた。

チェックインしたのは午後三時。風呂に入って、酒を飲むにはまだ早い。酒量が増えてしまうので、早い時間からの飲酒はなるべく控えている。

となると、特にやることもない。くだらない話をしているうちに、なぜカーナビはルートをはずれたのかという話題になった。これも船乗りの性（さが）だ。

車に戻りカーナビを確認すると、入力した電話番号は合っている。しかし、目的地を示す旗が立っているのは、宿とはまったく別の三～四キロ離れた場所だ。それを見たぼくたちは、誰ともなく、カーナビの目的地に行ってみようという話になった。暇つぶしにはちょうどいいだろうと。

H君がまた運転を担当し、看板がある分岐まで戻ってカーナビが示す方向に進んだ。

道はすぐに山道になった。H君は、慎重にハンドルをきって、カーナビの言う通りに車を走らせる。

徐々に道幅は狭くなり、道の両側を覆う鬱蒼とした木々の隙間から斑(まだら)状に日が差し始めた。

目的地に近づくにつれて、モニター画面を拡大していった。いよいよ到着だというところで、突然、道の右側をふさいでいた木立(こだち)が消えて、なだらかな山の斜面が現れた。

「目的地に到着しました」

道端に車を停め、右に目をやると、そこには古びた墓石が数十個並んでいた。

山間の墓地である。

苔に覆われた墓石や腐りかけた卒塔婆に夏草が絡みついている。

何者かに導かれたような気分になり、思わず、つぶやいていた。

「呼ばれちまったな」

一同、しばし無言である。

しかし、それで終わりとはならなかった。試しにもう一度宿の電話番号を入力してみると、また宿とは違う場所が表示されたのである。


怖さもあったが、好奇心がそれに勝った。

「行ってみるしかない！　次の目的地はここだ！」

恐怖心にふたをして、あえてふざけた言葉を発し、新たなゴールに向けて車を発進させた。

頭のなかには、近辺の大体の地図は描けている。次の目的地が、宿の場所を示していないのは明らかだ。それでも怖いもの見たさで、カーナビの言いなりになって車を進める。

道沿いに流れる川に沿って進んで、目的地で車を停めた。

カーナビの旗が立っている場所は、川の向こう側にある山の斜面だった。対岸まで五〇メートルばかり離れているだろうか。橋はなく、目的地に行くには歩いて川を渡るしかない。


目を凝らしてみると、斜面の杉木立の中から、一本だけ異様に背の高い杉の木が飛び出していた。その木の根元周辺に、草が生い茂ったスペースが見える。

カーナビが指し示す場所はそこだ。

何か青い布切れがはためいていた。目を凝らしてよく見ると、それは土に埋められたブルーシートの一部で、風を受けてはまるで手招きするようにパタパタと揺れていた。

言葉もなくそのブルーシートを見つめているうち、「ひときわ美しい桜の木の下には死体が埋まっている」というイメージが脳内で肥大していった。

これが小説なら、ブルーシートの下に、他殺体が埋まっていたという展開となるところだろうが、確認する術はない。これ以上、カーナビによる深追いはしないで、宿に戻り、温泉に浸かって酒を飲むことにした。

翌日、出港して、瀬戸内海を目指して鳴門海峡を北上するうち、山肌を覆う墓石とブルーシートの記憶は、潮に吹かれて薄くなっていった。

宇宙飛行士が地球から月に行くとき、定められた軌道を進むにつれ星座がどのように変化して見えるのか、事前にシミュレーションを行うという。その訓練を受けておけば、軌道をそれたときに違和感を抱くことができる。機械が軌道を修正できないのなら、そのときは手動に切り替えなければならない。

かつて、アポロ一三号が事故を起こしたときも、宇宙飛行士はマニュアルに切り替えて危機を乗り切った。

ぼくはいつも野性の勘を養おうと心掛けている。

今後、ＡＩが生活に溶け込んできたとき、すべてをＡＩ任せにするのは危険だ。自分の判断力を失えば、ＡＩに従属する存在にもなりかねない。

ＡＩ……己の意思ならぬものに導かれた先に死の淵が待っていると気づいたとしても、打開する手段がなければ、生を諦めるほかない。

第9話
三泊四日、監獄クルーズ

以前、南太平洋のライアテア島でヨットを借りて、家族四人でボラボラ島まで行ったことがある。

静かな湾に停泊するときは、大抵ブイを拾ってロープを括りつけ、ボートをおろして上陸する。アンカーを打つという手もあるが、強風が吹くと流されてしまう可能性があるため、停泊させるならブイのほうが安心だ。

もちろん、桟橋に横付けするのがベストだが、桟橋なんてめったにない。マリーナがあれば桟橋もあるが、ボラボラ島にはマリーナがなかった。

カタマランヨットは、リビングルームが広く、四ベッドルーム、二バスルームと居住性がすこぶるいい。寝泊まりはヨットですればいいし、島に上陸して遊ぶこともできる。そのときも、レンタカーで島を一周して、ホテルのプールで遊び、レストランで食事をして、夕方になると小型ボートで船に戻り、デッキからボラボラ島を眺めながら安い白ワインを飲んだ。

夜になると、狭い海峡を抜けて大型客船がやってきた。まるでビルが一棟流れてくるような迫力だ。船は湾の真ん中あたりで、ガラガラガラと音を立てながらチェーンのアンカーを落とした。どうやらここで停泊するらしい。

乗客はデッキからボラボラ島を見ているのだが、桟橋がないので上陸できない。結局、その豪華客船はそのまま一泊しただけで帰っていった。

それを見た娘たちは、「上陸できないなんて、かわいそう」と言ったものだ。

ヨット乗りのぼくにとって、豪華客船は〝動く監獄〟である。島を見たら上陸したくなるのが船乗りの性。眼前に美しい島があるのに上陸できないのは、拷問に等しい。

桟橋があれば下船はできるが、なければアンカーを打ってはしけ船で行ったり来たりしながら上陸させる。希望者を募っていくのだろうが、上陸先で解散というわけではなく、必ずバスが待っている。自由時間は一切ない。

豪華客船に乗ったことはないが、一度だけ三泊四日のナイル川クルーズに参加したことがある。客数一〇〇人程度のコンパクトな船だった。

エジプトのアスワンから出発して、あちこちに立ち寄りながらルクソールまで行き、解散となる。

途中で下りたときは、観光バスが待っていて、王家の墓や宮殿に連れていかれて、また全員で船に戻る。

ぼくにとっては滅多にない経験だったが、その船の中で事件は起きた。

乗船する前日は、アスワンのホテルに泊まっていた。ホテルというよりコテージのような場所で、小さなプールがついていた。

プールがあれば、酒を飲む前に必ず泳ぐという習性があるため、そのときも、ディナーの前にプールに入ることにした。

プールサイドに立って、さぁ入ろうと思った瞬間、ピーポーピーポーと頭で警鐘がなった。理由はわからないが、なぜか頭から飛び込むのはまずい気がした。

言いようのない気味の悪さを感じながら、足から入って、腰までつけてみる。ゆっくりと泳ぎ出す。温い水が全身にまとわりつく。これは、まずい。絶対に顔はつけてはダメだと、警鐘は鳴りやまない。

清掃の行き届いたホテルで、水が濁っているわけではない。しかし、長年の野性の勘が「これは怪しい」と囁きかけるのだ。
違和感に包まれながらシャワーを浴び、レストランでは家族でワインを三本空けた。

翌日、アブ・シンベル神殿を見てから、件（くだん）のクルーズ船に乗り込んだ。四〇ほど個室が並んでいて、ぼくたちはツインルームを二部屋とっていた。ちゃんとバルコニーもついている。客はほとんどが欧米人で、現地のエジプト人が二〇〜三〇人ほど。日本人はぼくたちだけだった。
そして、その船にもプールがあった。

屋上にあるプールに行くと、昨日の感覚が蘇った。しかも、昨日のホテルのプールよりも、さらに危険な雰囲気を漂わせている。目には見えない何かが、水の中をたゆたうかのようだ。そろそろと足先を水に浸けると、やはり言いしれない恐怖と不穏感に包まれる。それでも少しだけ体を浸ける。すると、生温かい水に、全身が粟立つのを覚えて慌ててプールサイドにあがった。他の客たちは泳ぐでもなく、平気な顔をしてただその水に浸かっていた。

船では使える水の量が制限されているため、この程度の船にはバスタブがない。すぐにプールの水を洗い流したくなって、部屋に戻ってシャワーの蛇口をひねる。放たれた水を浴びた瞬間、このシャワーもダメだと瞬時に悟った。ホテルで浴びたシャワーにおかしなところはなかった。色もにおいもないが、直感がこの船の水を粘膜につけてはいけないと叫んでいる。

勘はまちがっていなかった。

一日目の夜。一〇〇人ほどいる客はレストランに集まり、ディナーを楽しんだ。客船では、朝昼晩と同じレストランで食事をする。

そこで、サンフランシスコから来ていた家族と知り合った。マイケルという名のイケメンと、美人の奥さんの若夫婦で、一〇歳くらいの娘を連れていた。親孝行がしたいと、妻の母親も一緒に、三世代でエジプト旅行に来たというのだ。

彼らと軽く世間話をしながら、ぼくら家族はたっぷりとビールを飲み、三本のワインを空けた。

翌朝、朝食をとるためにレストランに向かうと、なぜか人が減っていた。二〜三割ほどが顔を見せない。そのときはまだ、朝食をとらない人が結構いるのかなと大して気にも留めていなかった。

しかし、夜になると、さすがにこれはおかしいと感じ始めた。昨日の夕食時から、人が半減している。消えたはずはないから、客室に閉じこもっているとしか思えない。

不思議に思っていたが、深夜になって、理由がわかった。家族全員、強烈な下痢に見舞われたのだ。食あたりなんていう生易しいものではなかった。

船は清水タンクを積んでいて、シャワーも料理もすべてその水を利用する。このタンクが汚染されていると、すぐに察することができた。

九月のエジプトは猛暑で、恐らく水の中は繁殖した雑菌の宝庫だったのだろう。その水で歯を磨き、うがいをして、洗った野菜サラダを平らげていたのだ。

本来、雑菌が繁殖した場合、一度清水タンクの水をすべて抜いて、消毒をする必要がある。しかし、恐らくこの船では行われていない。客がどんどん倒れていく状況を見ても、いつものこととクルーたちは平然としている。彼らにとっては日常茶飯事の様子だった。

ぼくたちはそれでも三日目の朝食をとりにレストランに向かった。もう七割方の姿が見えない。残っている大半はエジプト人で、何事もないようにピンピンしている。

ほとんどの欧米人が倒れている中、マイケル一家はどうにか生き残っていた。聞くと、老いた母親だけはさすがに動けず、キャビンに引き籠っているという。マイケルと妻も下痢に苦しんでいたが、ディナーではぼくたち同様、きっちりビールとワインを呷(あお)っていた。

最終日の朝食はいよいよエジプト人とぼくたちとマイケル一家だけという、静かな終宴となってしまった。


大航海時代、ポリネシアの島々にヨーロッパ人がなだれ込んだ。ポリネシアの島々で他民族との接触もなく暮らしていた人々は、病原菌と無縁であったため、免疫力をまったく持っていなかった。そこに、ヨーロッパ人によってさまざまな菌が持ち込まれ、原住民はバタバタと倒れていった。中には絶滅に追い込まれた島もある。

同じように、ヨーロッパ人が持ち込んだ天然痘で、北米ネイティブ・アメリカンの部族が消滅したという事例もある。

一九一八年のスペイン風邪は死者数が明らかになっていないが、一説によると一億人を超えるとも、地球上の全人口の二・七％が死んだとも言われている。

周辺を海によって閉ざされた空間では、想像しえない理由から集団感染が起こる可能性がある。船も、そして島も。

過去、日本も鎖国政策を行っていたときは、海外と人の行き来がほぼなかった。そのおかげで疫病の流行を未然に防いだという側面もあるのだ。

さて、へとへとになってどうにか船を下りたぼくたちだったが、下痢が治るまでにはさらに一週間を要した。それでも、ギザのホテルに泊まってピラミッドを見にいき、アルコール消毒するべく毎日飲むワインを四本に増やした。そう、ぼくらにとって、ワインは解毒剤（げどくざい）なのだ。

第10話 誰か、いる

鹿児島県の屋久島より南、奄美大島までの間に位置する吐噶喇列島。中には、かつては人々が暮らしていたが、今では誰もいなくなった無人島がいくつかある。二〇〇二年の初夏、ぼくたちが足を踏み入れた臥蛇島もそのひとつだ。むろん、フェリーは立ち寄らないし、連絡船もない。無人の地に下り立てるのは、自ら船を操る人間の特権だ。

ぼくたちのクルーズでは、それぞれの都合に合わせ、行く先々でメンバーが乗り下りする。屋久島に着いたときは、操船部隊三人、客人四人が船に揺られていた。当初の予定では、横浜から出航して沖縄へ向かうはずだったのだが、不運にもふたつの台風に行く手を阻まれ、沖縄への到達を断念せざるを得なくなった。そこで、クルーの一人、ぼくの右腕であるK君が提案してきたのが、臥蛇島という無人島への上陸だった。

彼は屋久島の隣の種子島出身で、周辺の海域に詳しい。その提案にふたつ返事で答え、小さな島の冒険へと向かうことにしたのだ。

臥蛇島が無人島になったのは、五〇年も前のことだ。急峻な地形は漁港には不向きで、大時化で欠航が続く日も少なくなかったという。島民が内地へと集団移住をした最後の日には、既に四世帯一六人しか残っていなかった。

今では、ほとんどの住居が朽ち果てているだろうが、人々の暮らしの痕跡は残っているだろう。いわゆる「廃墟」めぐりのようで興味が湧く。とりあえず行ってみて、上陸したい者だけ島に入ろうという話になった。

クルーの中で、この無人島行きに特に前のめりだったのが、遊び半分で参加してきたGさんだ。自主的に行きたい人間を募ったとき、真っ先に「はい！」と手を挙げた。

ところが、いざ臥蛇島の沖合に到着という段になっても、船酔いにすっかりやられたGさんは、グロッキーになって寝込んだままだ。

「ほら、着いたぞ！」と声をかけると、

「い、行く……ウェー！」と嘔吐しヨレヨレながらも、彼女は上陸チームに加わった。

　一見したところ臥蛇島に桟橋はなく、しかも海が深すぎて、アンカーを打つこともできない。アンカーを打てるのはせいぜい五メートルくらいで、それより深い場合は大型船でない限り、沖合でドリフトしておく必要がある。

　危険がなければエンジンをとめて、岩にぶつかりそうになったらエンジンをかけて離れる。要するに、漂流状態で定位置にとどまり、適当に操船しながらふらふらしているしかないのだ。

　船には必ず二、三人は残らなければならない。上陸部隊は四人。周辺の海に明るいK君には船に残ってもらうことにして、いざというときは携帯で連絡を取り合うことにした。


　日差しを遮って黒々と屹立（きつりつ）する島を見上げていると、好奇心と不穏な空気が入り混じる。

　誰もいないはずなのに、濃厚な気配を発してくるように感じたのだ。

　船に常置している小型ボートを海面に降ろして二往復したのち、四人が臥蛇島の岸壁へとたどり着いた。

ふと上を見ると、錆びついたケーブルみたいなものが揺れている。恐らく、はしけ船から、モーターか手動でロープウェイのようにして物資を運び入れていたのだろう。これだけの岩場に囲まれながら、よくここに人が住んでいたなと思う。


ようやく断崖を登り終えると、そこは少し開けた台地のようになっていた。

小高い丘に集落の跡がある。なぜよりにもよってこんなところに……。山に囲まれた盆地であれば、風を相当防いでくれるはずだが、ここは完全な吹きっさらしだ。台風のときは強風にさらされていただろう。

実際、時化で定期便が寄港できないこともしばしばあったようだ。


木造の建物は、窓がすべて割れ、板が折り重なるように潰れている。コンクリートの家のみ、ある程度、形を残していた。

屋内は完全に廃墟と化していたが、移住の際に、持っていけなかった日用品が置きっぱなしにされている。

過去に、人が住んでいた生々しい記録がそこにあった。

留守宅に無断で入り込むような無礼を感じつつも、一軒一軒の中を見ていく。コップや酒瓶が転がり、薄汚れたシンクには水が流れていた形跡はもうない。布団が残されたままのベッドがあったり、食器棚に皿が仕舞われていたり、割れた写真立ての中に家族写真はなく、文字が薄れて読めない新聞や手紙の束が散乱していた。

残されたものを通して、会ったことのない人々の息遣いが聞こえてくるようだ。上陸チームの中でも、特にT君はこの冒険が楽しくて仕方ないようだった。ちなみに彼は、その五分刈り頭という見た目から〝旧日本兵〟と呼ばれている。そんなひとつひとつの光景に、T君はそこで暮らした人々の物語を想像してはぼくたちに語った。なんとなく無言になりがちな四人の中で、T君の明るさが妙に浮き立つ。

ひと通り廃墟を見終えて周辺を歩いてみると、山の頂上に向かってけもの道が伸びているのが見えた。登った先には灯台があるようだ。せっかくだから、そこまで行ってみようという話になった。

集団移住の際も、最後まで灯台守がいたという。もちろん今は誰もいない。

「この島にいるのは、おれたち四人だけだぞ！　いざ出発！」

と、けもの道を歩き出した。


ところが歩き始めて間もなく、さっきまで廃墟めぐりに大興奮していたT君が神妙な面持ちで言った。

「光司さん、誰かいますよ、ここ」

T君が、普段から怖がりなのをぼくたちは知っていた。

「おれたち四人以外いるわけないだろ、行くぞ！」

T君の言葉に耳を傾けず、ぼくたちは先を急いだ。T君はついてはくるが、ずっと表情が強張ったままだ。

「おれ、わかるんですよ。光司さん！　います！」


山頂まで来ると、そこにはヘリポートがあった。どうやら灯台守はヘリコプターで移動していたようだ。島なので災害対策の意味もあるのだろう。

高台からの眺めを満喫し、ぼくたちは来た道を戻り始めた。その間もT君は、落ち着かない様子でキョロキョロとあたりを窺っていた。

歩いている途中、行きしなには気づかなかった脇道を見つけた。

「あれ、こんな道、あったっけ？」

と言いながら、嫌がるT君を連れて脇道を進むことにした。

道なき道を歩くにつれて、T君だけでなく、ぼくも含めた全員が何か不思議な感覚に囚われ始めた。

草道を踏みしめる足音とぼくたちの息遣い以外、何も聞こえないのだが、誰かに見られているような気配が一歩踏み出すたびに濃厚になっていく。

四人が四人ともT君の言うことが的外れでもないと感じ始め、それを口にしようとしたとき、右斜め後方でガサガサッという音がした。

ハッとして、四人は思わず足をとめ、身体を硬直させた。

明らかに何かがいる。

「誰だ」と声を上げた途端、茂みから一匹の鹿が姿を現した。

それに呼応するように、ガサッ、ガサッ、ガサガサとあっちからもこっちからも鹿が飛び出してきて、ひょん、ひょん、ひょんと、軽快に走り出す。人がいなくなった島で、自由を得て繁殖し続けた鹿の群れだ。

鹿たちに追い立てられるように走り出し、ついには行き止まりの広場までやってきた。

そこは、墓地だった。

いつの間にか鹿たちは森の中に消えて、再び四人だけが取り残された。

目前の土中には、この島で命を終えた人々が静かに眠っている。

祈りだけ捧げて、厳粛な気分で船着場への小道を下りた。

四人ともほとんど言葉を発せず、T君の表情は青ざめている。

後から聞いた話だが、臥蛇島のほとんどの建物は朽ち果てたが、無人の灯台と島の守り神を祀(まつ)った小さな鳥居だけは形を留めて残っているそうだ。

そそくさと船に乗り込み、島を後にして、船を出す。

待機組が、「島内の様子はどうだった?」とのんきに訊いてきたが「早く船を出してくれ」としか返せなかった。

一刻も早く、人の住んでいる島に上陸したくなったからだ。船の速度が上がり振り返ったとき、島を覆う木々の間に鹿の群れが動いたように見えた。気のせいか、群れ自体が一匹の生命体のように感じられた。

第11話
海と梅

危険な場所には、大抵ジンクスがあるものだ。

海にも昔からやってはいけないと言い伝えられていることがある。

その中のひとつが、〝海に梅干しの種を捨てること〟。船乗りなら、みんな知っている。

梅干しの種を捨てると海が荒れると言われている。


二〇〇六年の航海は、九州を一周しながら、島々をめぐる旅であった。途中、指宿（いぶすき）に寄港して仲間と合流する段取りになっていた。

全員がそろったところで、指宿から土佐清水（とさしみず）に向かうことにした。土佐清水は四国最南端の足摺岬（あしずりみさき）がある場所だ。

夕方に指宿を出港して、難なく佐多岬（さたみさき）をかわした。その日はべた凪で、これまで経験した夜の航海の中でも最高のコンディションだった。

雲ひとつない満天には、月の船が浮かんでいる。後ろからなでられるようなそよ風を受けて、何のストレスもなくヨットはすーっと前へ進んでいく。あれ以上の航海日和は体験したことがないくらい素晴らしい夜だった。ヨットには六、七人が乗っていたが、みんな大感激していた。

足摺岬に船を入れて一泊した翌日は、室戸岬（むろとみさき）の沖合を越え、那智勝浦に向かうことにした。土佐清水で昼食のおにぎりをたくさん買い込み、みんなでヨットに乗り込んだ。

この日も晴天だ。快適なヨットの旅は至極（しごく）順調に思えた。

昼になって、おにぎりを食べ終わると、ぼくは梅干しの種を口からぷっと海に向かって飛ばした。

すると、友人のK君が、

「光司さん、海に種を捨てちゃだめですよ！」

とあわてて言ってきた。

「なんでだよ」

ジンクスは知っていたが、信じてはいなかった。

「梅干しの種を捨てると、海が荒れます」

「そんなわけないだろ。ほら、お前の種もよこせ」

ぼくはみんなの梅干しの種を集めて舳先に並べた。

ピーン、ピーン、ピーン。

種のひとつひとつを、海に向かって指ではじき飛ばしていった。

「もう！　やめろって言ってるじゃないですか！」

ぼくたちのやり取りを見て、みんなが笑っていた。


夕方になって、室戸岬を過ぎたあたりで天候が変わり始めた。

「光司さんがあんなことやるからっすよ」

K君が言った。

「関係ねえよ」

とうそぶいたが、事態は刻々と変化していった。

どんどん風が上がってきて、海が荒れ始めた。昨日の柔らかなそよ風が嘘のように、左後方からの強い風にあおられている。

ワイルドジャイブ（セールが不意に反転すること）が起きると、事故につながる恐れがあるため、帆を下から支えるブームという支柱を雑索（短いロープ）で縛り、強風に耐えられるよう補強することにした。

しばらく経っても、風はやむどころか強くなるばかりだ。海もどんどん荒れてくる。もう既に日は沈み、あたりは闇に飲まれている。

びゅぅぅぅぅっ！

叫ぶような音がして、強い突風に見舞われた。その瞬間、風の力に耐えきれず、雑索がぶちっと切れた。ぼくはすぐに新しい雑索に替えようと、キャビン・トップまで這って向かおうとした。

するとW君が、

「行っちゃダメ、行っちゃダメ！」

と、制した。ぼくの脚を抱え込むように引き留める。必死の形相だ。

「海に落ちたらおしまいです！　今そんな作業をしたら危ない。ここはしのぎましょう！」

ぼくは我に返って、W君の忠告を素直に聞いた。

ヤバいヤバい、そうだ、ばかなことをしてはダメなんだ。

結局、どうにかしのぐことができて、明け方になってようやく那智勝浦に入港できた。

W君の判断は間違っていなかったと思う。無理していたら、船が大きく揺れた拍子に落水していたような気がしてならない。

あれは生死の分かれ目ではなかったか——。

日本が世界最高峰ヨットレースのアメリカズ・カップに初めて挑戦したとき、スキッパー（船長）だった南波誠（なんばまこと）さんは、まさに室戸岬沖で落水して、遺体はいまだに見つかっていない。

そんな場所で、ぼくはハーネスもつけずにキャビン・トップに這い上がろうとしていたのだ。

W君の咄嗟の判断に、今でも感謝している。

それ以来、ぼくは梅干しの種を海に捨てなくなった。

第12話 いかだに乗って

第12話　いかだに乗って

ぼくが生まれたのは静岡県浜松市北部の田園風景が広がる田舎で、六歳までそこで過ごした。自宅周辺には自然が豊富で、子どもが遊ぶ場所に事欠くことはなかった。

家の竹藪を抜けると小川があり、そこで、五歳年上の兄とよくいかだを作って遊んだ。

作り方は簡単だ。昔は石油ストーブを使っていたので、家には空の灯油缶がある。これをフロートがわりに四つ並べて板を渡し、たこ糸でひとつひとつ結べば簡素ないかだの完成だ。

兄と二人でこれに乗って川を下る。少し進むと、もう少し大きな川に注ぐ。

気分は『トム・ソーヤーの冒険』だった。

いかだは上流から下流に向かって流れていくしかない。ある地点までくると、これより先に行ってはいけないと子ども心にもわかる。

流れはやがて馬込川に合流し、いずれ日本屈指の急流、天竜川へと繋がっていく。天竜川は荒れる遠州灘に注いで、そのずっと先にはアメリカがある。

今はここで諦めて帰るけれど、いつか自分の力でこの先へ行って、大きな海を渡るんだ。その頃の思いが、今でもぼくを船に向かわせているのだと思う。


大学二年か三年のときだった。

小説家になろうと心に決め、そのためには何が必要かと考えた結果、経験の質と量だと思い至った。宮内勝典の『南風』と『グリニッジの光りを離れて』をたて続けに読んで、主人公の姿を自分に重ねたのだ。

『グリニッジの光りを離れて』は、片道切符でアメリカに渡ってきた若者が、ニューヨークのグリニッジ・ヴィレッジでさまざまな苦悩を重ねて、その末に西海岸に向けて再び旅立ち、メキシコから新たな放浪の旅に出るまでの物語だ。

ぼくは小説を読んで、小説家になるためには自分もニューヨークに行かなければならないと思い込んだ。主人公がたどった道のりとは逆に、西海岸から東海岸へ向けてアメリカを横断しなければならない。最終目的地はグリニッジ・ヴィレッジ、その旅こそ作家になるための第一歩だと考えた。

しかし、手元には十分な金がなく、バイク乗りのぼくは、オートバイでアメリカを横断できないか模索した。

考えた末に、オートバイで横断して、ツーリング旅行記を雑誌に掲載してもらおうと思いついた。オートバイ雑誌は企業とも密接な関係があるので、連載のスポンサーになってもらえば旅行代金が浮くのではないかと――。

ちょうど、家庭教師先の父親が車の評論家だったので、雑誌を紹介してほしいと素直に伝えて、『モトラード』というバイク雑誌の担当者に繋いでもらった。

自分が持っていたオートバイをアメリカまで送ることも考えたが、船便自体に相当なお金がかかるだけでなく、梱包代に何十万もかかることがわかった。となると、アメリカでオートバイを調達する他ない。

ぼくの出身地の浜松には、ヤマハとスズキの本社がある。高校の同級生がスズキに勤めていたので早速連絡を取ると、「まあ、うまくいくかわかんないけど、とりあえず担当者に会わせるよ」と取りはからってくれた。

担当者と会うところまでこぎつけ、自分で作った企画書を見せながら、『モトラード』に掲載するかわりに、現地でバイクを用意してほしい旨を伝えたが、担当者から、いい感触は得られなかった。話だけは聞いてくれた、というところだろうか。
自分の弱みが何か、よくわかっていた。それは、まったく無名の大学生ということだ。宣伝になると思えば、企業もお金を出しただろうが、インパクトが弱すぎるのだ。

しかし、完全に行く気になって準備を始めていた。一人で行くのはもったいない気がして、仲間を募った。結局、劇団仲間の演出家と、女優のたまごが手を挙げた。記事にするなら、やはり絵になる人間が必要だ。その時点で、バイクは二台必要になった。
男二人がそれぞれオートバイにまたがり、一台はタンデムとなる。小説で読んだ数々の町を、二台のバイクが颯爽と通り過ぎていく光景が目に浮かんだ。

ぼくの通っていた大学は七月二〇日から九月二〇日までが夏休み期間だった。おのずと旅行期間は、八月初旬からの一か月間となる。一番安かった大韓航空のチケットを購入し、ソウル経由でロサンゼルスへ渡る。帰りはニューヨークからソウル経由で戻ってくるスケジュールだ。

当時はリコンファームをしなければならなかったので、とりあえず決めた日程を、後日変更できるようになっていた。

しかし、いつまで経ってもスズキから連絡はなかった。ダメならダメで早く言ってほしいと、業を煮やしてこちらから電話すると、「あの件はなかったことに」とにべもなく断られた。

それならと、今度は家庭教師先からホンダを紹介してもらったが、やはり返事は芳しくなかった。面白い企画だとは思うが、時間的に無理だという。

出発の日は目前まで迫っていた。

結局、オートバイでのアメリカ横断は諦めざるを得ず、カリフォルニアからネバダに入って、ネバダからアリゾナ、ニューメキシコ、ルイジアナ、そしてマイアミと、グレイハウンドバスを乗り継いでニューヨークを目指すことにした。場合によってはレンタカーを借りて、次の町で乗り捨てる。

既に航空券を買っていたぼくたち三人に、行かないという選択肢はなかった。

夢に見たバイクでの横断はかなわなかったが、グリニッジ・ヴィレッジに行くという本来の目的を果たすためには仕方なかった。

カリフォルニアからフロリダまで、北米大陸を横断した後、マイアミでレンタカーを借り、アメリカ本土最南端のキーウエストへ向かうことにしたときの光景は今でも心に深く刻まれている。

マイアミの突端からは、島の南端に向かって無数の橋が架かっている。日本でいえば、下田の突端から八丈島まで橋で行けるようなものだ。晴天の中、心地よい風に吹かれて、両脇に広がる真っ青な海を眺めながら車を飛ばした。

橋の周辺にはそこら中に無人島がある。無人島が大好きなぼくは、途中で車を停めて、どうにか自力で渡れそうな島を探した。沖合のほどよいところに手頃な島を見つけて、行ってみようと二人に提案した。

「私は岸で待ってる。二人で行ってきたら？」

彼女はつまらなそうに言ったが、相棒は面白そうだとすっかり乗り気だ。

ぼくたちは彼女を車に残し、無人島に向けて踏み出した。

水に足を浸すと、かなり浅くて泳げる深さではない。砂は柔らかく、足首までずぶりと沈む。生温い砂が足先を覆いつくす感覚に嫌悪感を覚えながら、足を入れては抜き出し、島に向かって無心で歩いた。

しばらくすると足にひやっとした感触を得るようになった。何か嫌なものを感じ取ったが、そのまま歩を進める。冷たかったのは一瞬で、すぐに元の温い水に戻る。しかし、またしばらくして突然、同じ感覚に襲われる。ぬるっ、ひやっという感覚が、不定期に交互に訪れるのだ。

歩くことに嫌気が差しながらも、深くなったら泳ぎ、浅くなったら歩き、それを何度も繰り返してようやく目的の無人島へとたどり着いた。

上陸した島は本当に小さくて、一周するのに一〇分もかからない。もちろん誰も住んでいない。かつては漁船が寄ることもあったのだろう、壊れかけた桟橋がかろうじて残っていた。

漁業の際の基地に使われていたのか、朽ち果てた掘立(ほったて)小屋があった。板塀は今にも崩れ落ちそうで、中に入ると漁具が散乱していた。

埃をかぶったロープや板切れの中に、発泡スチロールのボールを見つけた。ふ

と、幼い頃に作ったいかだに括りつけた灯油缶を思い出す。

これなら浮きにできるだろう。

しばらく島を探検し、彼女も待たせていることだしぼちぼち帰ろうという頃になり、生温い海水と、時々訪れる不気味な冷たい感触に嫌気が差していたぼくはある提案をした。

「俺、歩いて帰るのは嫌だな。泳ぐならいいけど」

「いや、実は俺もそう思ってたんだよ」

「じゃあ、いかだを作るか」

ぼくたちの劇団では舞台の大道具も自分たちで作っていた。特に、相棒は大工のように器用で、トンカチ一本で何でも作ってしまう。幸いなことに材料はいくらでもある。二人で力を合わせれば、いかだを作るくらい朝飯前だ。もちろん、浮力となる発泡スチロールには事欠かない。


あっという間にいかだを完成させ、板きれをオールがわりに漕ぎ出した。

浅瀬を迂回しながら、コバルトブルーの美しい海の上を手製のいかだで進んでいく。ひと仕事を終えた後の、充実した時間だった。

岸に到着すると、いかだで戻ってきたぼくたちを見て、彼女がげらげら笑いながら迎えてくれた。

「何なの、あんたたち！　それ、どうしたの？　作ったの？」

「そうだよ」

平然と答えると、彼女はおかしくてたまらないといった様子で、いつまでも笑い転げていた。どこまでも続くコバルトブルーの海が、青空に溶けて輝いている。

アメリカ横断の旅も、そろそろ終盤に近づいていた。


作家への道はグリニッジ・ヴィレッジから始まると信じて、あとはニューヨークへ向かうだけだ。

しかし、絵に描いたような絶景の中、いかだ作りの心地よい疲労に包まれ、気分は夢心地。この快楽に終わりを告げるのは、まだ早すぎる。キーウエストには一泊しかしない予定だったが、どうやらそれは無理そうだ。既にその予感はあった。

無人島に渡っていかだを作り始めた時点で頭の中では一泊増えていたが、キーウエストの突端にモーテルが建ち並ぶ様を見て、さらにもう一泊追加した。

「帰国便をフィックスしたわけじゃないからいいや」と楽園の旅を延長することにしたのである。

キーウエストを思う存分堪能したぼくたちは、予定よりも三日遅れてニューヨークに入り、大韓航空のデスクで帰国予定日を変更する旨を伝えた。

青い海が広がる夢の世界から、人も建物も密集するグリニッジ・ヴィレッジの現実へとやってきて、あっという間に数日が過ぎた。その夜、ぼくたちはホテルの近くのバーで安ウィスキーを飲んでいた。

店内のテレビでニュースが流れている。酒に酔いしれ、おしゃべりに興じていたとき、突然入ってきた言葉に耳を疑った。

「速報です。大韓航空007便がソ連防空軍によって撃墜されました――」

それは、ぼくたちがもともと乗るはずの、まさにその便だった。

すぐに、母に日程表を渡してきたことを思い出した。時差も忘れて公衆電話にクォーターをじゃらじゃら入れながら実家の番号を押す。

「はい、もしもし」

「あ、俺だけどさ、あの飛行機、乗らなかったから。大丈夫だから」

「ん？　何言ってんの、あんた」

「今、ニューヨークから電話してんだよ。日程表渡しただろ？」

母は日程表などまったく見ていなかったようで、「ああ、そう」を繰り返すだけだった。ぼくはこんな奇跡があるんだろうかと震えていたので、すっかり拍子抜けしてしまった。


日本に戻ってきて一か月ほどが経ち、マスコミの話題も次のニュースへと移り、やっと体も日常生活になじんでくる頃……。

いつものように本屋でなんとなく書棚を見ていて、タイトルは忘れてしまったが、キーウエストを舞台としたミステリー小説を見つけた。

地名に懐かしさを覚えて購入し、家に帰って読み進めていった。

うろ覚えだが、確かこんなシチュエーションだったと思う。

キーウエスト周辺にある無人島のひとつで、死体が発見された。誰かがボートで被害者を運んだ形跡はなく、死んだ人間が泳いで渡ったとしか考えられない。となると、自殺か？　しかし、検視するまでもなく明らかな他殺の徴候が見える。

そして、被害者が無人島に渡った方法について、警官たちはさまざまな憶測をする。

「ボートで渡ったんじゃないとしたら、どうやって渡ったというんだ」

「歩いたり泳いだりして渡ったんだろ」

「そんなことをするバカはいないよ。あの辺の海の砂の中には、猛毒をもったウミヘビがわんさかいるんだ。住民はみんな知ってるから、歩いて渡るはずないよ」

ぼくは本を一旦おいて一か月前の情景を思い起こした。海底の砂にくるぶしまで沈めたときの、ひやっとした気味の悪い感触が両足によみがえり、悪寒の正体に思い至った。冷たい砂の下には無数のウミヘビがいた……。

往路はどうにかウミヘビから逃れられたが、復路に歩いていたら、咬まれていた可能性がある。いかだを作ったのは正しい選択だったのだ。

船で航海していてなんとなく嫌な予感を抱くことがある。暗岩（あんがん）（海面下に隠れている岩）にぶつかれば船底が破損して沈没の憂き目に遭い、海中を漂うロープがプロペラに絡まれば即座にエンジンが止まって動力を失う。さらにその下に広がる海底となれば、何が潜んでいるか知れたものではない。

目に見えない世界に対する警戒を怠らないために必要なのは、野性の勘である。人間の皮膚感覚には危険を察知する能力があるのだろう。肌を粟立てる嫌な予感と、幼少期における体験が相まって、いかだ作りを思い立ち、時間の遅れが生じ、キーウエスト滞在が延び、ニューヨーク到着が大幅に遅れ、乗る予定だった大韓航空007便をキャンセルした……、偶然が絡み合ったこの一連の出来事を、特別視するつもりはない。考えてみれば、常にリスクを抱えている我々の人生は、似たような出来事の連続で成り立っている。出勤時に、財布を忘れてバスに乗り遅れ、重大事故を免れるなんてことは往々にして起こり得るのだ。ただ、ほとんどの場合は、因果関係に気づかずにいるというだけである。

大韓航空007便の撃墜という、衝撃の事件が起こったため、一連の流れが意味を持って浮上してきたというに過ぎない。

いずれにせよ、生と死はまさに紙一重のところにある。

L・Aからニューヨークに至る旅の目的は、グリニッジ・ヴィレッジ滞在の経験をバネに、小説家になるモチベーションを高めることであった。危ういロープを渡って到達できたおかげか、ぼくは、その数年後に小説家としてデビューすることができた。

さらに『リング』『らせん』『ループ』がベストセラーとなり、その翌年、担当編集者と新年会で酒を飲む機会を持った。

話の流れで、かつて、オートバイ雑誌にアメリカ横断企画を売り込んだものの、実現しなかった経緯を伝えたところ、

「その企画いいじゃないですか。やってみましょう」

と、編集者が膝を乗り出してきて、あれよあれよと話がまとまった。

若い頃に果たせなかったバイクでのアメリカ横断旅行を実現させ、体験記を本にしようというのだ。

バイクメーカーとのタイアップはあっけなく成立し、現地でバイクが用意される運びとなった。


一九九九年のバイクアメリカ横断旅行のスタート地点はL・Aであったが、目的地は因縁のキーウエストと定めた。

ヤマハXV1600ロードスターを快調に飛ばして到着したキーウエストで、ぼくはどうしてもやりたいことがあった。自分の運命を変えてくれた無人島とも

う一度まみえたかったのだ。もちろん、海に足を浸して渡るつもりはなかったが。

橋の架かった道をバイクでゆっくり走りながら、記憶にある無人島を探した。

片道を走っても、それらしき島は発見できない。

「記憶違いじゃないですか？」

という編集者の指摘に納得できず、行きつ戻りつを繰り返して、目を皿のようにして探した。

ルートはひとつしかないはずだ。キーウエストに向かって右側だったと記憶しているが、どうしても見つからない。念のためと左側も注意して目を凝らすが、やはりない。

あの美しい日々を写真におさめなかったことをひどく後悔すると同時に、なんだかだまされたような気分になってくる。

その後も、諦めきれず、二回、キーウエストを訪れた。しかし、目的の無人島はいまだ見つからないままである。

第13話　エイトノットの奇跡

ヨットで航海するようになって以来、過酷な自然の中での死を強く意識するようになった。経験を重ねるにつれて、おぼろげだった生と死を分かつ線のようなものが、次第に色濃く見えてくる。

死の瞬間を想像し、それが現実にならないように対策を練る。涵養されていく対処能力は、陸の上でも大いに応用可能だ。

ぜひとも会ってみたい方がいる。辛坊治郎氏だ。ご存じの通り、辛坊氏はキャスターであり、ヨット乗りでもある。

二〇一三年六月一六日、辛坊氏は全盲のセイラー（通称ＨＩＲＯ氏）と、福島県いわき市の小名浜港からサンディエゴに向けて出航した。間寛平さんがアースマラソンで太平洋と大西洋を横断した小型ヨット、エオラス号に乗って、太平洋横断プロジェクトを実現するためだ。

震災から二年、そのプロジェクトには被害に遭ったヨットマンへの激励の意味も込められていた。

実は、友人のヨット乗りがそのプロジェクトをサポートしていたこともあり、ぼくも小名浜まで見送りに行く予定だった。しかし、映画絡みで急に小説を仕上げなければならなくなり、そんな余裕はすっかりなくなってしまった。

結局辛坊氏にお会いする機会を逸して、テレビ番組等で航海を見守ることになった。

そして、出航して五日後の朝、エオラス号はマッコウクジラと思われる巨大生物と衝突する。船体は激しく破損して、やむなく船を放棄した二人は救命ボートで漂流し、海上自衛隊の救難飛行艇で救助された。

テレビから流れるニュース映像を見て、ぼくは大きな衝撃を受けた。他人事ではなかったからだ。

もともとこのプロジェクトがスタートしたきっかけは、日本唯一のヨット雑誌『Ｋａｚｉ』で連載していたエッセイがきっかけだったと、まさにそのエッセイで辛坊氏自身が明かしている。

ブラインドセーリング世界選手権大会日本代表として活躍したＨＩＲＯ氏は、いつの日かヨットで太平洋を横断したいと夢見ていた。そこに、間寛平さんの元マネージャーでアースマラソンの仕掛人である比企啓之（ひきひろゆき）氏が、太平洋クルーズを夢見る人にエオラス号を貸したがっているという情報を『Ｋａｚｉ』で知ることになる。

しかし、全盲ゆえに一人では不可能だ。頼りになる相棒が必要となると言われ、そこでＨＩＲＯ氏が指名したのが『Ｋａｚｉ』で連載をもっていた辛坊氏だったのだ。辛坊氏はプロフィールに「いつか太平洋横断を目指すヨットマン」と書いていた。辛坊氏が同じ望みを抱いていることを知っていた彼は、辛坊氏こそが自分の夢をかなえてくれる相手にふさわしいと考えたのかもしれない。

その後、ＨＩＲＯ氏の要望は辛坊氏に伝えられ、比企氏の企画・立案でプロジェクトは本格的にスタートすることになった。そして、讀賣テレビがスポンサーにつき、土曜の朝の番組で大きく取り上げられることになった。

ところで、辛坊氏の連載エッセイの前任者が誰かご存じだろうか。

実はぼく、鈴木光司なのだ。

辛坊氏は二〇一二年一月号から二〇一七年三月号まで「なんぎな帆走月報」というタイトルで連載をしていて、ぼくは二〇〇四年一月号から二〇一一年一二月号までの丸八年間、「快楽海生活」というタイトルで海を舞台にしたエッセイを書いていた。編集長が交代するタイミングで連載は終了となり、辛坊氏にバトンタッチしたのだ。

連載中、ぼくもまた、幾度となく「将来の夢はヨットで太平洋横断すること」と書いていた。

もし編集長が交代せず、あのまま連載を続けていたら、HIRO氏がぼくに声をかけてきた可能性もなきにしもあらず——。想像をたくましくして、辛坊氏が九死に一生を得たシーンを眺めれば、他人事ではないと感じるのも当然だろう。

二人が乗ったエオラス号には、テレビで放送するために、ビデオカメラが設置されていた。クジラにぶつかった瞬間の映像が残されていたのだ。

もし、もっとも怖かった映像をひとつあげろと言われたら、「貞子」ではなく、迷わずこっちを選ぶ。ヨットを知っているからこそ、この恐怖がいかばかりかわかるのだ。

そして、この映像は、恐怖を伝えると同時に、示唆と教訓に富んだ極めて貴重な映像でもあった。

最初、船は順調に進んでいるように見えたが、突然ドーン、ドーン、ドーンと、船底に突き上げるような鈍く激しい衝撃を受けた。キャビンにいた辛坊氏は最初、強い波だと思ったらしい。どうやら先に危険に気づいたのはＨＩＲＯ氏のようだ。気づいたときには、床がもう水浸しになっていた。そこからは大慌てで本部と連絡を取り合い、船体放棄を決定した直後、彼らはライフラフト、つまり救命ボートに乗り移る準備に取り掛かる。

しかし、船はまだ走っていた。ぼくだったら、すぐにヒーブ・ツー（ジブセールを裏帆にすること）にして、行き足を止めるだろう。走っているときに何かしくじったらアウトだ。まずは船を止めるべきだったと思う。

遠洋航海のヨットには必ずライフラフトが積まれている。ゴムボートにテントが張られたような形をしていて、中には水や保存食、照明弾といった必要最低限

のものが備わっている。

まずは、ライフラフトを海上でうまく膨らませなければならない。斜め前からの風を受けて走るヨットのデッキに立つ辛坊氏は、ライフラフトに結ばれた舫(もや)いロープを手に握ったまま、本体を海面に放ってしまった。

それを見た瞬間、「まずい！」と胸の中で叫び声をあげた。


ロープの端をヨットのクリートに結んでおかなければ、手をすり抜けてライフラフトは簡単に流されてしまう。船は走り続けているのだ。

案の定、自動的に空気が充塡されて膨らんだライフラフトは、海面に浮いたまま、瞬く間に後方に流されていく。

見ていて心臓が縮みあがったのは、このシーンだ。

沈みゆくヨットにあって、生き残るための手段はライフラフトしかない。命綱であるロープが手をすり抜けていく様は、文字通り、目に見えないはずの命が個体から離れていく瞬間の具象化のように感じられた。

シュルシュルシュルシュル、シュルシュルシュルシュルと、ロープが手からすり抜けていくのと同時に、命も一緒に抜けていく。

以前、大時化の中で、握っていたメインシート（メインセールを調整するロープ）が猛烈な勢いで手の中を走り抜ける経験をしたことがある。鉄分を含んだ血の匂いと同時に、急激な摩擦熱で焼け焦げた皮膚の匂いが鼻腔に流れ込んだものだ。ロープも、命も、すり抜けていくのはあっという間だ。ロープの先端がすぽっと抜けたら、ライフラフトは後方に流されて、命は助からない。

辛坊氏に起こることを想像して体を硬直させる一方、氏が救出されたという周知の事実が矛盾となって膨らんでいく。

そして、奇跡は起こった。

ロープが手から離れると思った瞬間、先端が手中に収まったところでぴたりと動きが止まったのだ。どうにか持ち堪えた辛坊氏は、ロープをクリートに括りつけることに成功した。

何が起こったのか、その疑問に答えてくれたのは、辛坊氏その人だった。後日、エッセイにはその顚末（てんまつ）が書かれていて、種明かしがされていた。

ロープの端に結び目が作られていたのだ。

辛坊氏自身、目の前でロープが抜けていくのを見て、「もうだめだ」と観念しかけたという。しかし、エイトノットと呼ばれる結び目があったおかげでロープは手から離れず、二人の命は救われたのだった。


それにしても、ロープの先端に結び目を作ったのは誰なのか。

調べた限り、ライフラフトを納入したり、点検整備をしたりする時点で、結び目を作っておくのが通例らしい。時と場合によるが、ヨットをわかっている人間がやったに違いない。

ぼくもライフラフトを持っているが、もう随分開けていない。点検整備では、一度開けて、装置がきちんと作動するか確かめ、ガスボンベを充塡し、また畳み直す。それだけで何万円もかかるが、命には代えられない。今度開くときは、ロープに結び目があるか確かめてみようと思う。


沈没しかけたヨットからライフラフトに乗り移る事態に陥るのは、極めて稀なことだ。しかし、事前に策を講じることによって、実際に助かる命がある。

あの映像は、命が抜けていくときの映像であった。辛坊氏が救命ボートに乗り移る姿が、自分の姿と重なる。氏の目を通して、またひとつ死を疑似体験することができた。

間違った判断を数回重ねれば、遭難の可能性はぐっと高まり、その先には死が待っている。

どんなに海が凪いでいたとしても、ぼくは出港前に最悪の事態を脳裏に思い描くようにしている。そして、最悪の事態が現実にならないよう、想像力を働かせて対策を練り、少しでもリスクを減らすよう心掛ける。

リスクがゼロになることは決してないと承知の上で、海に出る。

第14話

吠える60度線

船の墓場 世界編──ドレーク海峡

海の難所と聞いて、どんな風景を思い浮かべるだろうか。

見渡す限り陸地の見えない絶海を想像したとしたら、それは間違っている。現実の海の難所は、たいがい陸地が間近に迫るところにある。陸地や海底の地形的影響をもろに受けるからこそ、潮流がぶつかったり、流れが狭められたりして巨大な三角波が立ち、難所となるのだ。おまけに、岸が近ければ座礁の危険にもさらされる。

海の難所は、当然のごとく、船の墓場でもある。

世界的に有名な海の難所は、なんといってもドレーク海峡だ。南アメリカ最南端のホーン岬と、南極半島に挟まれた幅約八〇〇キロ、平均水深約三四〇〇メートルの海域である。

地球儀をお持ちの方は、ぜひ手に取って自転の方向に回してみてほしい。

北半球の広くを占める陸地は、南半球になるとぐっと少なくなり、特に、南緯60度のラインは遮る島もなく、常時、西から東へと海流が川のように流れている。

この海流がドレーク海峡にくると、両側から張り出した半島によって狭められ、波がぐっと大きくなるのだ。大海原でほんの一メートル程度であった津波が、湾の深奥部に迫るにつれ流れる場所の断面積が小さくなり、反比例して巨大化するのと同じ理屈である。

ドレーク海峡の偏西風は時に時速七〇キロを超え、波の大きさは時に三〇メートルを超える。冬季には氷山が浮遊し、衝突の恐れが生じ、想像するだけで身震いしたくなる海域だ。大航海時代より多くの帆船が海の藻屑と消えた、まさに船の墓場である。

こんな恐るべき海峡を、これまでに数回、単独のヨットで通過した友人がいる。その名は白石康次郎、日本が世界に誇る海洋冒険家である。

二〇年前、対談をきっかけに知り合って以降、互いの船に乗ったり、ヨットレースをサポートする仲となった。

会うたびに、ぼくは彼にこう言ったものである。

「ホント、康次郎君の勇気には敬服するよ」

「なに言ってんですか。ぼくなんて、ただのビビリですよ」

「ただのビビリ」がたった一人で、数回も、ドレーク海峡を通過できるわけがないので、これは謙遜と思いたいところだが、彼は本当に自分のことを「ビビリ」と思っているフシがあるので、訳がわからなくなる。たぶん、ビビる尺度が一般人と大きく異なるのだろう。

さて、この海域における康次郎君の過酷な体験を、小説風に語ろうと思う。

康次郎のレース用ヨット、スピリットオブユーコー（全長一二メートル）は世界一周航海のために太平洋をひたすら南下していた。

南緯60度線が近づくにつれ、風浪が立てる音に変化が現れてきた。「吠える60度線」「絶叫する60度線」と呼ばれる所以で、波と風が織り成す轟きは、獣の咆哮のようにも、獣に捕らわれた人間が上げる断末魔の絶叫のようにも聞こえる。しかも、音源は無数で、前後左右上下から身を包み込んでくるようだ。

ドレーク海峡を抜けて大西洋に出れば、あとは北上して赤道を目指すコースとなる。地球の天候は、南北とも、緯度が高くなるにつれて荒れるため、赤道に近づけば時化の回数はぐっと減って、海は穏やかになる。

今回の世界一周航海における最後にして最大の関門が、眼前に控えるドレーク海峡であった。

もうすぐドレーク海峡を越えようとする日、スピリットオブユーコーはメインセールをおろし、小さなストームジブ（荒天用のセール）に左後方からの強風を受け、東へと飛ぶように走っていた。

頼るべきは自分の肉体、というより、判断力である。判断を過てば即、死につながる。たった一人コックピットに座り、前方を見据えて舵を取る康次郎の薄皮一枚隔てたすぐ横には、死神が寄り添っているようだ。

……なぜ、おれは自ら進んで、こんな過酷な道へと乗り出すのか。

何度、そう自問したか知れない。間近で盛り上がった波が轟音をたてて崩れるたび、喉の奥から胃が飛び出すような恐怖を覚える。

「おれは勇気ある男」などという思い上がりは一切なかった。ビビリである自分を十分に自覚している。心底怯えている自分を認め、自然の猛威に畏怖の念を抱き、冷静さを保持できなければ、判断を過つだけである。

波浪が笑い声のように聞こえ、嫌な予感に全身を貫かれて後方を振り返ったとき、康次郎はわが目を疑った。

はるか後方から、壁のように盛り上がった波が迫りつつあった。偶然に波長が合ったりすると、通常の二倍三倍に波高が成長することがある。

今、目にしているのは、三〇メートルを優に超える特大級の大波だった。灰色で繫がった空と海の境に黒々とした水の壁ができ、波頭はたてがみとなって白い毛を逆立てていた。ひきちぎられた波の頂は風に運ばれ、バケツ一杯ほどの水の塊となって、横殴りに身体を直撃してくる。滝となって前方に崩れる頂を見れば、転覆することなくこの波をやりすごすのは不可能と悟り、康次郎は、呪詛（じゅそ）の言葉を飲み込んで、やるべきことに取り掛かった。

巨大な波も、スピリットオブユーコーも、同じ方向に進んでいるため、いずれ波に追い越されるにしても、まだ数分の猶予がありそうだ。

その間に、生き残るための方策を整えるしかない。

ストームジブを巻き取り、デッキ回りに設置された装備をロープでぐるぐる巻きに固定した上で、キャビンに降りて入り口をアクリルの板で閉ざし、船外と通じるバルブをすべて閉めてしっかりと水密を確保する。

海に浮かぶ乗り物の中で、ヨットがもっとも安全であると、康次郎は信じていた。

水密さえ保てば浸水しないだろうし、たとえ真っ逆さまになってもキールの力で起き上がりこぼしのように復元するはず……、信じてはいても、両腕に抱える膝のあたりが震えてくる。一部に生じた震えは次々と伝染し、顎がガクガクと歯音をたて、全身がわななないた。

外の景色を見ることはできなかった。音だけを頼りに、何が起こりつつあるのか、想像するだけだ。目を閉じ、その風景を思い浮かべると、波の相貌が獣から悪魔へと変わっていった。想像力こそが恐怖の源泉である。

……来た。

康次郎はこのあとに起こる事態を想定し、両手でバーを握って身構えた。

船首が沈み込み、船尾が持ち上がったと思った瞬間、風浪がたてる音の質が変わった。波頭が崩れて降り注ぎ、耳をつんざく轟音を伴って船体が激しく振動した。巨大瀑布の滝壺にいて水の全量を受けるようなものだ。凄まじい音量はパワーの証だった。船体は左右に揺れ、下へと押しつけられ、バランスを崩して横転していった。

これまで床だったところが側壁となり、天井となり、びっくりハウスのようにキャビンがひっくり返ってゆく。

第 14 話　吠える 60 度線　船の墓場 世界編 ―ドレーク海峡

状況の変化に合わせて身体を移動させなければ、怪我をしかねない。骨折でもしようものなら万事休す……。

しっかりとバーを握った直後、キャビン内の空気が一気に濃くなり、反比例して轟音が減じた。電源が落ちて明かりが消え、キャビンは闇に包まれた。闇の中で、康次郎は、現在進行中の事態を分析した。崩れた波の圧力を受けて横転した船は、逆さまの状態で波の壁に突入した……、つまり、今、自分は海水の中にいることになる。潜水艦となって、波の壁を真横に突き抜けようとしているのだ。

水の圧力を受けて船体はきしみ、各部が悲鳴を上げていた。身体も同様だった。全身の毛穴が開いて気力が漏れていくようだ。

水密が破られ、大量の海水が流れ込む光景ばかりが脳裏に浮かび、「もはやこれまでか」と判断力がシャットダウンしそうになる。浸水が始まれば、狭いキャビンは水に占領されて呼吸ができる場所は奪われ、真っ暗な中、三四〇〇メートル下の海底へと持っていかれる。

さらに暗く、さらに冷たい、絶対の孤独に支配された地獄の底が想像されたとき、またも船体を包む音の質が変わった。

海水の壁を通過して船は再び海面に躍り出たようである。逆さまのまましばらく海面に浮いていたが、空に向かって握り拳を突き上げる鉛のキールが、数トンという重みを利かせて海中へと没し、その反動で、逆転していた床と天井が元に戻り始めた。

外界の光が差し込み、キャビンが明るくなったとき、康次郎の絶望は取り払われた。巨大な波をやりすごし、ヨットはしっかりと浮力を維持している。こころなしか海が穏やかになったようだ。

転覆して波間を通過するのに要した時間はせいぜい数秒であろうが、危機に瀕すると時間の進み方が緩やかになるという法則通り、いつ果てるともない恐怖の時間が数分に及んだように感じられる。

康次郎は重い腰を上げ、アクリル板をはずして祈るような気持ちでコックピットへと上った。

海中で一回転してマストは大きな抵抗を受けている。マストが折れていれば、推進力を失ってヨットは漂流船と化す。一難去ってまた一難。この荒れた海域での漂流は、ゆっくりと時間をかけた死を意味する。

コンパニオンウェイ（キャビンに下りる通路）の途中に立ち、康次郎は意を決して、船首方向を振り返った。マストはこれまで通り船体中央で直立していた。

あれほどの大波を食らったにもかかわらず、どうにか持ち堪えてくれたのだ。

ホッと安心すると同時に力が抜け、康次郎はキャビン・トップに身体をもたせかけた。そのままの格好で、船体各部と、艤装などの損傷具合をチェックした。ほどけたハリヤード（セールを引き上げるロープ）やシートの端が波間に漂っているのを除けば、目に見える限り、さしたる損傷はなさそうだ。今後の航海が可能であることが確認できたのは望外の喜びである。だれにともなく感謝の念が湧き上がった。

……どうにか危機を乗り切った。

ドレーク海峡の出口はもう目と鼻の先だった。通過しさえすれば、あとは南アメリカ大陸のブランケ（陸などに風を遮られた状態）となって、風浪は和らぐだろう。

単独世界一周航海における最大の難所を越えるまで、あともう少しの辛抱だ。

また一回り成長した気分を味わいつつも、さらに気を引き締め、康次郎は、船の針路を90度に保ち続けた。


康次郎君からこの経験談を聞いて以降、「もし自分が同じ立場に置かれたら」

と、幾度となく考えたことがある。

ヨットで外洋を航行中はからずも台風と遭遇した体験があるだけに、風浪がたてる不気味な音や、船体を叩く波の衝撃、激しい振動などがリアルに想像できてしまう。

その上で、自分に問う。

「康次郎君と同じことができるだろうか？」

答えは明らかだ。

「むり、むり、むり」

体力、操船技量はもとより、まず、神経がもたない。

そして、海はほどほどに楽しむのが一番と、実感するのであった。

二〇二〇年一一月、白石康次郎は、世界最高峰単独無寄港世界一周ヨットレース『ヴァンデ・グローブ（Vendée Globe）』に二度目の参戦を果たす予定だ。彼はまた、ドレーク海峡を単独で越えようとしている。

第15話
その流れは速すぎる
船の墓場 日本編――針尾瀬戸

「一に来島(くるしま)、二に鳴門(なると)、三と下って馬関(ばかん)瀬戸（関門海峡）」

日本近海の海の難所は、昔からこのように言われている。三つとも海峡であり、潮の流れはときに10ノット（時速二〇キロ弱）を超える。

関東から出港して、紀伊半島をぐるりと回って北九州を目指そうとした場合、瀬戸内海への入り口となるのが鳴門海峡だ。

大鳴門橋(おおなるときょう)の下をくぐったことはこれまでに数回ある。パワフルなディーゼルエンジンを積んだボートであったため、潮汐(ちょうせき)を気にすることなく、右に左に大渦を堪能しながら通過した。潮の流れが向かいの10ノットであっても、艇速が20ノット以上出る船なら、潮に逆らって10ノットで進むことができる勘定だ。

鳴門海峡を通過中、渦潮(うずしお)の上をボートで通過したこともある。

船が渦に巻き込まれるとどうなるか……、逆さまの竜巻につかまったかのように、ぐるぐる回りながら海中に吸い込まれていくシーンを想像する方も多いのではないか。

動力を持たない小舟なら、一旦、渦につかまったら自力で抜け出すのは難しいだろうが、高馬力のパワーボートなら脱出は簡単だ。

渦潮が作る円の直径を横断する場合、中心付近で船がズシンと落ちるような感覚を得る。海面にあいた底の浅い穴に、はまり込む感じとでもいえばいいのか……。フルスロットルをかければ、船はそのまままっすぐ穴から這い上がって、渦を通過することになる。渦潮をボートで通過する感覚は、他ではなかなか味わうことができない。


高馬力のパワーボートなら潮流を気にせず鳴門海峡を越えられるが、馬力の低いヨットとなるとそうはいかない。機走（エンジンのみでの航行）での艇速が7、8ノットとなれば、10ノットの潮流に逆らうのは不可能であり、潮待ちの必要が生じる。

ところが、待ち時間を節約したいという気短な人には抜け道がある。

小鳴門海峡だ。ドレーク海峡の抜け道であるマゼラン海峡のようなものである。

鳴門海峡よりずっと狭いが、波も、急な流れもなく、穏やかで、家並みや学校、神社、商店街などを間近に覗きながら海を進むことができ、なんともいえない風情を漂わせている。

小鳴門海峡を出ればそこはもう瀬戸内海だ。外海と違って波はなく、のどかで、ほっと安心させてくれる風景が広がる。

波がないとはいえ、瀬戸内海は、複雑に入り組んだ陸地と無数の島々によってあちこちに狭い海峡が形成されていて、油断のならない海域である。

二〇〇六年の、長崎のハウステンボスに滞在してから九州を一周した航海では、小鳴門海峡を抜け、船舶交通量の多い来島海峡を避けて進んだ後、関門海峡を目指すことになった。

軽い逆潮であったが、ヨットはエンジン全開で関門橋をくぐり、巌流島を右に見ながら通過し、竹ノ子島をかわして運河の奥深くに針路をとり、油槽船に横付けしてその夜は下関に停泊した。

翌日は博多、翌々日は平戸に寄港し、ハウステンボスのある大村湾を目指した。早朝に平戸を出れば昼にはハウステンボスのマリーナに入港でき、ランチは陸の上で取れると踏んでいた。

九十九島(くじゅうくしま)を左手に見ながら佐世保湾に入り、巣喰ノ浦(すくいのうら)に針路を向けたとき、時刻は午前一一時。大村湾に入れば、ハウステンボスはそのすぐ左手にある。佐世保湾と大村湾が、針尾瀬戸と呼ばれる細い海峡でつながっていることからも明らかに、干満の差は相当に激しいと予測できたが、事前に潮汐表を調べてはおらず、行き当たりばったりで進むほかなかった。

鳴門海峡、関門海峡は海の難所として名が轟いているが、針尾瀬戸のことは何も知らず、甘く見ていた。

瀬戸に入って初めて、逆潮であることがわかった。ヨットのエンジンであっても凪いだ海なら機走のみ8ノットで走れる。フルスロットル近くまで回して、4、5ノットの艇速でどうにか走り、このまま大村湾に突入できると思ったが、西海橋(さいかいばし)の手前で完全に行き足を止められてしまった。フルスロットルにしても進まない。いや、進まないどころかバックする。川のように激しい流れは、あちこちに渦を作るほどだ。

鳴門海峡や関門海峡は幅もあり、後ろに流されたとしてもそれほど危険はない。しかし、針尾瀬戸は狭く（最狭部の幅約一七〇メートル）、直角に湾曲している上、ところどころ岩が突出する中州がある。後方に流され、岩にでも激突すれば、船体が破損して沈没する恐れがある。

「もはやこれまで」と判断して、ヨットをUターンさせることにした。Uターンして速い潮流に乗って安心したのも束の間、逆潮よりさらに危険であることを思い知らされる。

逆潮の場合、前方から流れてくる海水の抵抗をしっかり受けて舵が利いたのだが、10ノット近い潮流に乗ってしまうと、抵抗がなくなって舵が利かなくなるのだ。悪夢の中、化け物に追われ、逃げようとして両足が空転するような感じである。

仕事や人生においても同じことがいえるだろう。軽い逆風に晒されたほうが、自分の判断と決定を保持してうまい舵取りができるのだが、速すぎる流れに乗ってしまうと、自力で流れ以上の速度を出す能力のない者は、操縦不能に陥ってあれよあれよと自滅しかねない。

しかし、そのときのぼくは人生論など考えている余裕はなかった。急流に乗っているために、はるか遠くに屹立している岩がすごい勢いで迫ってきては、船首の鼻先をかすめていく。

ここもまた船の墓場なのか、岸に林立する岩が墓石のように、その隙間から顔を出す船の残骸らしき木片が、卒塔婆のように見えてくる。

冷や汗を垂らしながら、岩や中州をフルスロットルでかわしつつ、どこかに避難所がないかと左右の岸に目を凝らすうち、西海橋の手前に小さな漁港があるのを発見し、迷わず、漁港へと針路を向けていった。漁港の中はさすがに流れも穏やかである。ゆっくりと一周して係留場所を探した。岸壁に横付けできるところはなく、やむをえず漁船に抱き合わせで停めさせてもらうことにした。

船主がいれば当然許可を取ったところであるが、船には誰もおらず、付近に人影もない。しかたなく、無断で抱き合わせて一息つき、ハウステンボスに電話して干満の時間を尋ねたところ、三時間ほど潮待ちすれば海峡を安全に通過できるとわかった。

何もすることのない退屈な三時間である。昼寝して時間を潰すにしても一時間が限度だ。ぼくは陸に上がって付近を散策し、情報収集につとめることにした。

そこは本当にのどかで小さな漁港である。歩いてすぐのところに雑貨屋があり、食品でも買おうかと店先を覗いてみた。

土間に椅子を並べておばあさんが二人のんびりと世間話をしていた。一人が店主で、一人が客のようだ。

二人のおばあさんは、だらりと身体をのばし切ってパイプ椅子に座り、たっぷ

りと間を取って会話を交わしていた。相手の言葉に対して、必ず聞き返すため、ただでさえゆっくりしたお喋りに倍以上の時間がかかる。速すぎる潮流に翻弄されたばかりのせいか、二人の周囲に流れる時間が止まっているかのように見えた。これほど暇そうな人間を見るのは人生で初めてであった。

ぼくは、「こんにちは」と元気よく声をかけ、二人の会話に加わることにした。

「この海峡、流れが速いですね」

「そうよ。ここは危ないところだよ。海の下には船がいっぱい沈んどるわい」

たった今、体験したばかりなので、危険は身に染みていた。岩場のところどころに溜まっていた木片は、やはり船の残骸であったようだ。

安全に通過できるのは、潮の流れが止まるわずかな時間のみである。そろそろ潮が止まる頃合となり、おばあさんたちとの会話を切り上げて、早めの出港準備に取り掛かることにした。

せっかくだから、チキンラーメンと生卵と灯油用のポンプ（予備の軽油を入れるときに必要）をカウンターに置いて、「これ、ください」と言ったところ、奇妙な取り合わせに首をかしげ、店主のおばあさんが訊いてきた。

「ところで、兄さん、どこから来たの？」

「東京からヨットで来ました」と答えると、二人は顔を見合わせて驚き、行き先を尋ねてきた。

「で、これからどこに行くのかね」

「ハウステンボスに二週間ばかり船を置き、取材等の仕事をこなした後、一か月かけて九州を一周するつもりです」

おばあさんは「ほおおおお」と感心して言葉をのばし、「ところで、あんた、仕事は何してんだ?」とさらなる疑問を口にする。

「小説家です」

二人は、呆れたように首を横に振りながら言った。

「いいのお、暇な仕事で。うらやましいわい」

おばあさんたちは、何度も何度も「暇でいいのお、うらやましいのお」と言っては、うなずき合うのであった。

第16話 閉ざされた光

第16話　閉ざされた光

二〇〇〇年の七月、横浜からモータークルーザーで出港してちょうど一〇日後に台湾のキールン港に到着し、台北に三日間滞在して現地メディアの取材を受けた。

その帰路、与那国（よなぐに）を経由して西表島（いりおもてじま）に立ち寄った。

西表島と聞いて思い浮かべるのは、特別天然記念物のイリオモテヤマネコや鬱蒼としたマングローブの密林である。

湾の奥に船を停泊させて小型ボートで上陸するや、エコツーリズムの店を訪れてカヤックを借り、若い男性インストラクターから軽く操船方法を教えてもらった後、マングローブに覆われた湾の奥へと分け入った。

無音の水面をすいすい進むカヤックは、高馬力のボートとは別の趣がある。

ところどころで陸に上がるたび、インストラクターと楽しく雑談し、現地の情報などを聞かせてもらった。彼の話は面白く、声を上げて笑ったりもしたが、中にひとつ怖い逸話があったのを覚えている。

今、カヤックを浮かべている湾の南西には、奥西表地域と呼ばれる秘境がある。幹線道路がないために陸路で行くのは難しく、船で向かうことが多いという。そのせいか海水の透明度がすこぶる高く、多くの人々がシュノーケリングを目当てにこの地を訪れる。閉ざされた神域といったところだ。

奥西表の南側の鹿川湾（かのかわ）では、砂浜から眺めるジャングルに滝が流れ落ち、運が良ければマンタが連なって泳ぐ〝マンタトレイン〟を見ることができる。西表島の中でも独特な雰囲気を漂わせる場所だ。

知る人ぞ知る秘境とあって、決して多くはないが、島めぐりの深みにはまったダイバーたちが鹿川湾をめがけてやってくる。

碧い海の中で悠々とさすらう魚やウミガメに囲まれて、彼らは至福のときを過ごす。

しかし、そんな明るい情景とは裏腹に、鹿川湾には地元民に伝わる暗い噂があり、なかには決してそこに近づかない人もいるらしい。

そう前置きして、インストラクターは、彼が生まれる前に起こった不思議な逸話を語ってくれた。

彼はその話を母から聞かされたという。

第16話　閉ざされた光

四〇年ばかり前のことである。

母の知人のO君を含む地元に住む一〇名の子どもたちが、鹿川湾でキャンプをしようと企てた。鹿川湾にたどり着くには、マングローブの林を越えなければならない。子どもたちにとっては大冒険だ。

干潟にはシオマネキがわらわらと歩くなか、それぞれ食料が入った荷物を背負い、緊張感と好奇心を胸に、網取（あみとり）湾からウダラ川の河口へと向かう。

ウダラ川に沿って、マングローブの林の中をみんなで歩く。泥濘（ぬかるみ）に足をとられて、なかなか前に進めない。踏み出すたびに、足がぬるりと沈む。それでも子ども達は、ハブや蛭（ひる）を警戒して声を掛け合いながら、どうにかこうにか峠を越えた。

下り道をしばらく歩くと、いつも耳にしている潮騒が聞こえてくる。木々の間に、光る青海原が覗く。悪路からの解放と達成感で、子どもたちは口々に歓喜の声をあげた。

日中は駆けまわったり泳いだりして、ビーチを満喫した。大人がいない空間は特別で、みんないつもより興奮していた。一〇人いれば、寂しくもない。

夜になると空は星で埋め尽くされる。焚火もそろそろ終わりだ。五人は大きな洞窟で、五人は砂浜で、好きなほうを選んで眠ることにした。テントなど必要ない。

O君は、砂浜で眠ることにした。日中、散々動き回ったからだろう、砂浜に体を横たえると、暗闇へ落下するような奇妙な感覚と共に、あっという間に眠りに落ちた。


どれくらい時間が経っただろう。O君はまどろみの中でかすかに声を聞いた気がした。その声はどんどん現実味を帯びていき、意識が戻るとともに、それが叫び声だとわかった。声は洞窟のほうから聞こえてくる。

状況を理解したO君は、あわてて浜辺で寝ている友達を叩き起こし、洞窟に向かって走った。声の主は一人ではない。自然と鼓動が速くなる。

洞窟の中では異様な光景が繰り広げられていた。何かに取り憑かれたかのように、ある者は奇声を上げ、ある者は壁に向かって絶叫している。まるで、集団パニックで、何を言っているのか聞きとることができない。どうも日本語以外の言葉を喋っているらしい。あたかも別人に人格を乗っ取られたかのように……。

　O君達は、さっきまで一緒に笑い転げていた友達の変わり果てた姿を目の当たりにして、立ち尽くした。どうにかしなければと思っても、足がすくんで動かない。

　しかし、一人が叫びながら海に向かって走り出したのをきっかけに、憑かれたように異常行動をとる友を抱きしめておさえこんだ。

　狂乱は夜明けまで続き、日が昇るにつれて一人、また一人と正気を取り戻していった。記憶のない五人を引きずるようにして、O君は半分泣きながらジャングルの元来た道をたどった。

　朝になって、「昨夜、何が起こったのか」と訊いても、だれ一人、自分の異常な行動を覚えていなかったという。


　太平洋戦争当時、八重山（やえやま）諸島では上陸戦が行われなかったが、西表島に戦争の爪痕は残されている。

　かつて、西表島には多くの炭鉱があった。とくに、奥西表はその数が多かった。炭鉱夫は、甘い言葉に騙されて各地からやってきた者や、台湾や朝鮮半島から強制的に連行されてきた者など、様々な人々で構成されていた。

人々が島に到着すると、まず島までの運賃や斡旋料と称して突然法外な金額を請求された。「払えない」と言うと、「炭鉱で働いて返済しろ」と強制され、重労働へと駆り出された。

給料として手元に残るお金はほとんどない、過酷な労働であった。給料のかわりに現地でしか使用できない切符が支給されて、決められた売店で食料や日用品を購入する。切符を集めれば通貨と交換できるという話だったが、簡単に反故にされ、責任者が交代すると紙切れ同然となった。

坑道は狭く、落盤事故がしばしば起きた。暴力による支配に加え、マラリアの蔓延も人々を苦しめた。耐え切れずに脱走しても、ジャングルで屍となるか、見つかって連れ戻されるだけだ。

陸の孤島である奥西表の地で、現地でしか使えない切符を与えられるのは、どこへも逃げられないことを意味していた。

終戦の前年に、米軍上陸への危機感から、西表島には一万人を超える軍隊が派

遺された。住民は移住を強いられ、備蓄していた食糧も奪われたという。要塞があちこちに現れ、白浜に慰安所も設けられた。

上陸戦はなかったが、軍艦や戦闘機からの爆撃やマラリアによって多くの命が失われた。

戦争が終わり、強制労働をさせられていた外国人たちは、帰国させるという名目で船に乗せられて鹿川湾にやってきた。

しかし、彼らが帰国することはなかった。

ジャングルと海に囲まれた最果ての地に無残にも打ち捨てられ、置き去りにされてしまったのだ。彼らにとっては、その明媚な浜辺が生きる世界のすべて……、食糧もなく、希望の光もなく、長い年月の後、彼らはどこへともなく消えていった。暗い洞窟の中で餓死した者もいれば、神経を病んで明るい浜を走り回った後、海に入った者もいるだろう。


今でも、鹿川湾ではしばしば不思議なことが起こるという。

集落で作業をしていた人が、神隠しのように忽然と消えて、なかなか見つからないので捜索範囲を広げていくと、鹿川湾の洞窟付近で発見されるというのだ。

発見された者は、一様に記憶がまったくない。

目の前に広がる茫洋たる海は、美しくも残虐だ。陸でしか生きられない人間を孤絶させ、不運な者に無慈悲な絶望を与えかねない。

第17話 こっちへおいで

第17話　こっちへおいで

水泳は得意とはいえないが、マスクとフィンを着けたシュノーケリングには若い頃から馴染んできた。

今でも、八メートルの水深まで潜ってしばらく水中を進むことができる。

海のど素人であった二〇代の頃、この特技を活かして海で遊ぶ友人によくいたずらをしかけたものである。

ライフジャケットを着けて海面に浮かび、海中の魚観賞を楽しんでいる友人の背後からそっと潜り、水中で反転して仰向けの格好で足もとから近寄り、一メートルばかりの距離をおいてマスク越しにご対面するのだ。

突如下方から現れた人間の顔を見て、友人はびっくりして手足をばたつかせ、海面から顔を出す……。たちの悪いいたずらであった。

一度、友人がパニックを起こして溺れかけて以降、猛省してこのいたずらを封印した。海の上でも、中でも、パニックは事故につながりかねない。

水中マスクを装着した顔であっても、不意の対面となれば驚きは相当なものだ。

これがもし、海底から浮上してきた人間の素顔であったなら……、ぱんぱんに膨張した顔、魚に食われて損傷の激しい顔であったなら……、想像しただけでぞっとする。

パニックを起こすのは必至であろう。

国内外で何本か潜る経験を通して知り合ったプロダイバー（潜水を職業としている者）から聞いた話を紹介しよう。

彼は警察の潜水隊に籍を置く潜水士である。

交番の巡査でも、遺体を見ることは珍しくはない。独居老人の死亡も増えていて、普段からある程度の心構えはできている。

しかし、水死体にまみえるのは、限られた人間だけだ。

警察庁の機動隊には、潜水隊という部署がある。彼らは川に捨てられた拳銃などの証拠品を探したり、水難事故があった際、遺体を引き揚げたりする任務についている。

不安や緊張を携えたまま海に入ると、パニックを起こしやすい。しかも、向かう先に待っているのは、壮絶な悲劇の光景だ。「亡くなっている」ことが前提の捜索である以上、生前とは様変わりした遺体を目にするだろう――それを承知しているからこそ、潜水隊はなるべくリラックスした状態で水に入らなければならない。ゆえに、普段から、メンバーの間には穏やかな雰囲気が漂っているという。傍目には、作業の深刻度のわりに楽しそうに見えるのか、たまにあまり泳げない人間が入隊してくることもある。

水が怖いと言いながら異動してきた青年が、水に慣れるため、ロープを手繰(たぐ)り寄せながら、プールに少しずつ潜っていく。しかし、水の中はだだっ広くても、実のところ極端に狭い空間に密閉されているようなものだ。今の状態が、死と隣り合わせだと強く認識してしまった途端、突如として強烈な恐怖が襲ってくる。

二メートルくらい潜ったところで、その青年はマスクとレギュレーターを自らもぎ取って、握っていたロープのことも忘れ、手足をバタつかせながら必死の形相で何かをつかもうとした。喘(あえ)ぐたび口に水が流れ込み、さらにパニックは加速する。すぐに仲間に救助されたが、その後、彼は二度とプールに入ることはなかった。そして、しばらく陸で行う作業のサポートをした後、隊を去っていった。

潜水隊が出動を要請されたとき、それが自殺なら発見は早い。大きい橋の上など、目につきやすい場所だと目撃者が通報してくる場合が多く、靴がそろえて置かれていることもあって発見される範囲は大体予想がつく。行方不明者の捜索というより、浮いている遺体を回収してほしいという依頼のほうが多いぐらいだ。

しかし、事故だとそういうわけにはいかない。消防が動くのはせいぜい二〜三日である。消防の捜索が打ち切りになった後も、潜水隊は捜し続ける。


ある日、管轄の警察署から、機動隊に連絡が入った。離島でシュノーケリングをしていた男性二人が行方不明になったという。

強い台風が来る直前だった。潜水隊員のMは、船を出すのは無理だろうと思いながらも、装備を担いで現場に向かった。

現場に向かう途中、車の窓から見える透明度が自慢の海は、さっきよりも波が高くなっていた。空は晴れていても、夕方になれば海水は不気味な紫を帯びた藍色に包まれるだろう。地元の人間にとってはいつものことだ。

二人がいなくなったという海岸も、既に台風の予兆があった。海の家が並ぶような管理されたビーチではない。天候や潮の流れを知らない観光客は、地元の人間なら決して行かない状況でも、江の島に行くような気分で安易に近づく。

海岸には、二人が使ったと思われるバーベキューセットが残されていた。

多少波が高いといっても、空は晴れている。旅の最後の解放感に浸っていたのかもしれない。

恐らく二人は、離岸流（りがんりゅう）の餌食になったのだろう。離岸流とは、海岸に打ち寄せた波が、沖に戻るときに生まれる強い流れのことだ。一箇所にとどまることもあれば、数時間後には場所を移動することもある。

砕ける波の間に見える、一見穏やかな海面が、こっちへおいでと手を招く。浅瀬なら大丈夫だろうと無警戒に近寄ってきた人間を攫（さら）い、気まぐれな海流が一気に沖まで運んでいく。

捜索のために漁船を出してくれる漁師に相談したが、やはり海に出ることはかなわなかった。波のうねりが落ち着くのを待つしかない。

今頃、家族にも連絡がいっているはずだ。すぐに捜索に向かえないことを歯がゆく思う。

家族がこちらに来る前に、地元の漁師に遺体が見つかりそうな場所を尋ねておくことにした。捜索するときは家族も同行するので、聞き込みはできるだけ避けるようにと言われている。亡くなっていることを前提に話さなければならないからだ。

家族は最期の姿を目にするまで、一縷（いちる）の望みにかけている。それがどんなに荒唐無稽な想像でも、遺体を見るまでは死を認めることができない。遺体を見つけられなければ、家族の心は亡霊と共に永遠に彷徨い続ける。

漁師に聞くと、予想される大体の場所を教えてくれた。以前、何度か海難事故が起こったが、いつもそこで発見されるのだという。

同じような話は、全国至るところにある。この海で溺れたら、ここのリーフに引っかかると言われて捜すと、高確率でそこで見つかる。

潮の流れが関係しているのだろうが、地元の漁師は言う。

「亡くなった人に呼ばれてるんだ」

地元の漁師たちは、捜索には協力をしてくれるが、自分の船には遺体を絶対に乗せないという人も多い。どうしても乗せなければならないときも、右側から乗せたら、必ず右側からおろす。なぜか、絶対に船をまたがせてはくれない。

翌朝には予定通り台風がやってきた。激しい波しぶきが桟橋を打ち付け、砕かれた波で海は白い泡に覆われる。荒れ狂う海に沈む二人の青年と、眠れない夜を過ごす遺族を思うと、Mの胸はキリキリと痛んだ。

台風が過ぎるのを待つ間に、潜水隊のメンバーは捜索範囲のミーティングをする。自分たちにできることは、亡くなった二人を家族の許に返すことだと、互いの意志を確認した。捜索に出る準備は整っている。

しかし結局、捜索を始められたのは、四日後の朝だった。

潜水隊は四人ずつ二つの班にわかれて、それぞれ別の船に乗り込み、可能性が高いと思われる二箇所を重点的に捜索することになった。

もう死んでいるとわかっている人間に会いに行く。葬式に向かうような気分だった。捜索地点に着くと、改めて「必ず家族の許に返そう」と固く誓って海に潜った。

仲間のKの表情が硬い。後から聞いた話だと、なぜかいつもと違うように感じ

ていたそうだ。覚悟していたはずなのに緊張が止まず、海に入ってからも、パニックになりそうなのをどうにかこらえていたという。

最初に遺体を見つけたのはMの班だった。流されて海に沈んだ倒木に引っかかり、彼はゆらゆらと揺れていた。

見つけた瞬間、そこに惨状があっても、込み上げるのは安堵の思いだ。波に連れ去られ、海中深くに閉じ込められていた彼を、やっと家族の許に戻すことができる。そして、朝から晩までずっと海に潜る先の見えない捜索にも、ピリオドが打てる。

捜索を始めて三日、彼らが流された日から既に一週間が経っていた。腐敗が進行していて、蒼白の顔は、家族が見ても判別できないほどパンパンに膨れあがっている。上半身は裸で入ったのだろう。海水パンツも、肉体も、魚に食べられてボロボロだった。何度この光景を見ても、慣れることはない。

引き揚げようと、流木に引っかかっていた足首に触れると、ずるりと外れて、遺体が海面をめがけて一気に浮上していった。見上げると、水面にぽこんと顔を出したのが、下からでもわかった。

遺体は、サーフボードのようなものに乗せて、ロープで固定し、水上バイクで浜まで運んだ。

もう一体は、海上保安庁が見つけていたが、頭と足がない状態だったという。


浜につくと、遺体をおろして、みんなで合掌した。

すると突然、遺体の口から「あうーっ！」という叫び声が漏れた。

一瞬、そこにいた全員が慄く。

しかし、すぐに冷静を取り戻した。

腐敗した遺体にはガスがたまっていて、これが口から抜けるときに叫び声のように聞こえることがあるのだ。

Mの耳に、この雄たけびは「ありがとう」と聞こえた。

過酷な任務のおかげで発見してもらい、家族の許に返してもらえた遺体が、最後の最後で感謝の言葉を吐き出したように思われたのである。

第18話 海底に眠る

第18話　海底に眠る

二〇年ばかり前のことである。

金曜日のレギュラーゲストをつとめる某ラジオ番組で、海の話題となり、つい口が滑って、クルーザーやヨット以外にもスキューバダイビングの腕もプロ並みだと大ボラを吹いてしまった。

その翌日、ある航空会社の機内誌を作っている編集プロダクションから電話をもらい、「沖縄近海に潜るというテーマで巻頭グラビアを飾りたい。宮古島でダイビングして、海の美しさを伝えるレポートを書いてくれないか」と打診を受けた。

宮古島にあるダイビングショップでカタマランヨットをチャーターして、二泊三日の日程で四本潜って珊瑚礁の海を撮影すると言われれば、断る手はない。

ぼくはふたつ返事でこの申し出を受けた。

カメラマンと編集者を含め五人ほどのメンバーで現地に飛び、お世話になるダイビングショップ24ノースで、ダイビング前の誓約書なるものにサインさせられ、数字を書くよう求められた。

何の数字なのか意味がわからず、一緒に潜るカメラマンや編集者に訊くと、怪訝な顔をして、「これまでに潜ったスキューバタンクの本数ですよ」と教えてくれた。

みんなは何本くらい潜っているものかと、仲間たちの誓約書を覗いてびっくりした。五〇〇本とか六〇〇本という数字が並んでいるのだ。

……ヤバい！

思わず心に呟いていた。実のところ、一〇年以上前に伊豆海洋公園で基礎的なライセンスを取得して以降、一本も潜ったことがなく、経験本数は二本のままであった。

数字を書きあぐねていると、異変を察知した編集者たちが、一体何本と書くのか、興味津々の顔つきで、ぼくの誓約書を覗き込んでくる。これでは正直に書くわけにはいかない。思い切って一本サバを読み、「三本」と書いたところ、「えー」という悲鳴が湧き、一同の顔から血の気が引いていった。

「ヤバ。ど素人じゃん」

カメラマンは思わず小声で呟いて頭を抱えた。

せっかく一本サバを読んだのに、効果はゼロである。二本でも三本でも素人の度合いに差はないということらしく、一同、溜め息を漏らし、目を閉じていった。

担当の女性編集者は腕を組んで考え込んだ後、無言のまま首を横に振った。

たぶん彼女は、写真に収めたいポイントの数々を頭に思い描いていたに違いない。中にはいくつか難所も含まれているのだろう。ところがふたを開けてみれば、レポーター役はベテランどころかまったくのど素人。困難な要求に応えられるどころか、まともに潜ることもできなそうだ。計画は大幅に狂ってしまった、さあどうしよう……、もうムリ。

彼女が、この企画を白紙に戻そうとしているのではないかと察するや、ぼくは、ホラの上塗りで難局を乗り切ろうと、強気の自己アピールに出た。

「安心してください。三本（本当は二本）しか潜ってなくても、おれは立派に任務を果たします。さ、早く船を出しましょう」

大切なのは勢いである。余計なことを考える時間を与えると、相手はやる気を失いかねない。

不安気な表情の編集者たちを尻目に、24ノースが所有する五七フィートカタマランヨット『グリーン・フラッシュ号』にさっさと乗り込んで、船長に出港を促した。

こうして、あれよあれよという間に、ダイビングのど素人と取材メンバーを乗せたカタマランは埠頭を離れ、沖合へと向かうことになった。

リーフだらけの海では、キールがなく、喫水（きっすい）の浅いカタマランの威力は絶大である。浅瀬もなんのそので絶好のポイントに進み、アンカリングして最初のダイブにトライすることにした。

熟練の女性インストラクターから、海底に垂らしたロープを手で摑んで、「スースーハー、スースーハー」とリズミカルに呼吸を繰り返して降下するよう指示を受ける。

ど素人なんだからゆっくり降りろ、というわけだ。

ところが、途中で息苦しくなってきた。わけがわからず一旦海面に上がって呼吸を整え、再度チャレンジ。しかし、またしても息苦しくなった。素潜りのときは、いつもまっすぐに海底を目指している。ロープを伝ってゆっくり降りていった経験はない。しばらくして、この息苦しさの元凶が過呼吸であることに気づき、自分のペースで潜る方法に切り換えることにした。

ロープを手放し、頭を下にしてフィンを上下させ、スタビライジングジャケットの浮力調整と耳抜きを行いながら、一気に深度を下げた。

ぼくにとってはずっと自然な行為であり、思った通り息苦しさはなくなった。

深度が五メートルを越えたあたりから赤い色が消え、さらに二〇メートルを越えると黄色が消えた。水中を浮遊する細かな粒子が光を散乱させたり、吸収することにより、徐々に色が失われてゆくのだ。最も深くまで届くのが青であるため、深度三〇メートルを越えたあたりから海中の風景は青みがかった灰色に包まれていく。陸上では決して見ることのできない神秘の世界である。

行き交う魚の群れに気を取られ、深度をさらに大きくしようとしたところで、追い縋ってきた女性インストラクターに止められた。

振り向いて対面すると、マスク越しの目が怒っているようだ。

彼女の表情から胸の内がなんとなく読み取れた。

「ロープを摑んでスースーハー、スースーハーをしていたと思えば、勝手に手を放し、糸の切れた奴凧のようにどんどん行きやがって、危ないじゃないか、このど素人が」

ぼくはにっこり笑って恭順の意を表し、少し浮上して、追いついてきたカメラマンと編集者の指示に従って撮影を行い、海底散歩を楽しみ、魚たちと戯れ、ダイビングの醍醐味を堪能しながらタンク一本分の空気を消費してヨットに戻った。

午後からの出航のため、その日のダイブは一本だけだった。翌日は二本、三日目の午前に一本と合計四本のダイブを楽しんで、大成功のうちに撮影は終わった。

今思えば、このときの取材のおかげでダイビングの腕が格段に高まったと、感謝することしきりである。

一緒に潜ってくれた仲間たちの腕は一流であり、短期間に多くのことを学ぶことができた。

物事を基礎から地道にやっていては、時間を無駄にするばかりで、飛躍は望めない。時には、自分を必要以上に大きく見せ、難題に挑戦することも大事である。人生は短く、やりたいことが多いとなれば、「石橋を叩いて渡る」ではなく、「三割できたらGO！」の精神を大切にしたいところだ。（死なない程度にと肝に銘じつつ……）

強引なやりかたでダイビングの本数を増やした成果は、翌年、二〇〇〇年七月の台湾クルーズにおいてさっそく発揮されることになった。

台湾と目と鼻の距離にあるのが、先島（さきしま）諸島の西端に位置する与那国島である。

その頃、与那国島沖合でダイバーが発見した海底遺跡らしき石の建造物が、雑誌のグラビアで幾度となく紹介されていた。

水中写真には、階段らしき段差がついた直方体の岩が並び、柱が立っていたと思われる穴が等間隔で並ぶ様子が、はっきりと写っていた。写真から判断する限り、明らかに人工の建造物と見えた。

ある考古学者の説によれば、かつてこの地にあった古代文明が、海面の上昇によって水没したのではないかという。となると、これは、東のポリネシアから西のミクロネシアに及ぶムー大陸の名残ではないか……、アトランティス大陸と同様の「失われた古代文明」が海底に眠っているのではないかと、ロマンがかきたてられた。


与那国島の海底遺跡は、学術の対象としては取り上げられておらず、古代人の手による建造物か、あるいは自然の浸食によってできたものなのか、真相は明らかにされていなかった。

何事も、百聞は一見に如かず、横浜から台湾までクルーズした帰路、与那国島に寄り、実際にこの目で確認することにした。

海底遺跡が眠るのは、島南部の新川鼻（あらかわばな）沖の海底である。水深一〇メートルほどのところにあり、潜って観察するのに何の支障もない。

海面を破って飛び込み、顔を下に向けて見えてきたのは、亀の甲羅状に並ぶ巨大な岩板だった。

青みがかった海中には、まさに写真で見た通りの光景が広がっている。テラスのように張り出した広場の前面には階段と思われる段差があり、城門らしき岩の隙間をカラフルな熱帯魚が泳いでいる。

岩の細部を観察した後、少し離れたところに身を引いて眺めてみると、一〇度以上の角度で遺跡全体が不自然に傾いていることに気づいた。

傾斜した建造物を最初から造るはずもなく、造成後に地形が変動したとしか考えられない。となると、せいぜい一万年という期間に大規模な地形変動が起こったか否かが、問題となりそうだ。

それ以外にも、部分として眺めれば、確かに、巨大な岩は人工的な直線で切り出されたように見えなくもないが、全体を眺めると、統一が取れていないと感じられる。この構造物を造ろうとした人間の意志がどこにもないという印象を持つのだ。

人間の手による構造物と言い切るには無理があると思われた。


数十分潜ってから船のデッキに上がり、一休みしながら与那国島に目をやると、すぐ間近に、南端の岬が迫っていた。新川鼻と呼ばれる岬の、ほぼ垂直に切り立った断崖の表面からは、幾重にも重なった直方体の岩が今にも崩れ落ちようとしていた。

これぞ、百聞は一見に如かず、の好例である。

これまで、海底遺跡を紹介した雑誌のグラビアには、新川鼻の断崖を写した写真もなければ、そこに触れる記事もなかった。いかにもと思われる部分と部分を連ねて、読者のロマンを煽るものばかりだった。

海中の風景と陸上の風景を総合的に重ねて見れば、一目瞭然である。

海底の巨岩は遺跡ではない。

崖から崩れ落ちた岩が長い年月を経て積み重なったものであろうと、簡単に想像がついた。

後に調べたところによれば、直方体の岩の形状は、マグマ冷却時の規則的な亀裂に沿って岩石が浸食される「方状節理」という現象によってできたらしい。

ポリネシアから続くムー大陸の西端の遺跡ではないかというロマンは、現場の風景を見ることによってもろくも崩れ去った。

あとがきにかえて　なぜ海に出るのか

「おれは歌手になりたかったわけではない。船の設計士か船乗りになるための資金づくりのために歌手になったのだ」

海の大先輩である加山雄三さんの言葉である。

気持ちはすごくよくわかる。

ぼく自身、作家という職業を熱望した理由のひとつに、「海に乗り出すため」という強い動機があった。

まず時間を自由にできる職業に就かなければ、風まかせのクルーズには出られないだろうと……。

小説家を志すようになったのも、海への憧れを強く抱くようになったのも、南太平洋の島々に魅せられたのがきっかけであった。

小学校四年のときに夢中で読んだ『海洋奇譚集』や『十五少年漂流記』の舞台は南太平洋であり、小学校六年で書いた処女小説『七つの海の冒険旅行』は、子どもたちが巨大ないかだで太平洋を横断する物語であった。（残念ながら、四五枚まで書き進んだところで頓挫して未完のまま終わっている）

したがって、作家デビュー作の『楽園』が、大航海時代の南太平洋を舞台とした海洋冒険物語となったのは、当然の成り行きであった。

『楽園』の概略は以下の通りである。

一万年前、モンゴル高原で暮らしていた愛し合う若い夫婦が、他の部族の襲撃を受け、妻がアリューシャン列島沿いにアメリカ大陸へと連れ去られてしまう。妻を取り戻そうと追い縋る夫の眼前で、氷河が溶けてアリューシャンのルートが閉ざされると、諦め切れぬ夫は、南に下ってインドシナ半島から南太平洋へと乗り出してアメリカ大陸を目指す。行く先々で、妻を取り戻すという意志を神話という形式で残し、島に暮らす人々を東へ駆り立てる。

そして現代、北アメリカの砂漠にできた大鍾乳洞の地底湖で、アリューシャンルートで渡った妻の末裔と、南太平洋ルートで渡った夫の末裔が、一万年ぶりの再会を果たす……。

『楽園』を書く動機のひとつとなったのは、「ポリネシアの人々は、どこから来て、どこに行こうとしているのか」という疑問である。

人類が世界にはびこったのを当然と考え、謎として認識していない人が多いと思われてならない。

たとえば、野生のチンパンジーが自主的にアフリカを出て、南アメリカ大陸最南端まで遠出することはない。危険を顧みず、未知の領域へと踏み出していったのはなぜか人類だけである。

その理由を知りたくてならなかった。

ホモサピエンスは、数万年前に、アフリカを出てユーラシア大陸に渡って東へと進み、風土が肌に合えばその土地に定住し、行く先々ではびこっていった。眼前に太平洋が現れ、道を塞がれても臆することなく、南北のルートに分かれてさらに移動を続けた。

北に向かったモンゴロイドは、氷河期のために海面が下がってできたアリューシャンの細い陸地を渡って北米に入り、南下しつつ大陸の隅々に広がった。ある部族は移動しながら暮らし、ある部族は断崖に横穴を掘って定住するようになった。動いたりとどまったりしながら、徐々にメキシコを南下してパナマ地峡を抜け、アンデスの麓に足跡を刻みつつアマゾン流域をたどり、紀元前一万年頃までに人類はアメリカ大陸最南端のフエゴ島に到達する。

　一方、南のコースをたどった人々は、東南アジアから太平洋に乗り出し、フィリピン、モルッカ諸島、メラネシアを経て紀元四〇〇年頃にはタヒチに、さらにその一〇〇年後には、イースター島に到達する。

　不思議なのは、タヒチからイースターまでの航海である。双胴のカヌーに食料や家畜を載せて航海に出たことから、偶然の漂流ではなく、植民という明確な意図を持っていたことがわかる。

　なぜポリネシア人は危険を冒して小さな船で東へと航海したのか。その理由として、研究者は「食料難」「他民族からの圧迫」という平凡な答えを用意するが、とても納得できるものではない。

　ココヤシとブレッド・フルーツがあれば食うに困らないといわれるポリネシアの民が、なぜ木々が繁茂する陸を離れ、絶海の孤島へと繰り出すのか……、食料を求めるために漂流する人間などいるはずがないことを、航海の経験者なら身体で知っている。漂流と飢餓は常にワンセットなのだ。

イースター島は、タヒチの南東約四〇〇〇キロの海域に浮かぶ絶海の孤島で、東から西へと流れる南赤道海流を逆行しなければ到達できない。潮流に逆らって、闇雲に東への航海に出れば、敢えて遭難するようなもので、ほぼ一〇〇％の確率で海の藻屑と消える。九九％が海の藻屑と消え、僥倖を得た一％の民がたまたま到着したという、偶然の漂着説は学術的に否定されている。

さらに、四〇〇〇キロも離れた場所にイースター島があることをポリネシア人はどうやって知ったのか。

茫洋たる大海を宇宙にたとえてみよう。

宇宙船に加速を与えて気まぐれに太陽系の外に弾き飛ばしたら、どうなるか。宇宙空間には空気抵抗がなく、初速を保持したまま宇宙船は何億年もかけて一直線に宇宙の果てへと向かう。（現在、ボイジャー一号と二号がこの状態にある）

宇宙には無数の星々が輝いている。一〇〇〇億個ある銀河のひとつひとつに一〇〇〇億個の恒星がちりばめられているとしよう。一〇〇〇億×一〇〇〇億個の恒星があるのだから、宇宙船は、いずれどこかの恒星の重力につかまり、惑星のひとつに不時着するのではと思うかもしれない。

あとがきにかえて　なぜ海に出るのか

ところが、この甘い期待は成り立たない。

太陽系の外へと弾き飛ばされた宇宙船は、一〇〇億年もの期間まっすぐに進んでも、星と星の間をすり抜け、どんな物体にもぶつからず虚無の闇を彷徨うだけだ。それほどまでに宇宙は「すかすかで何もない」空間である。

宇宙ほどではなくても、タヒチから東の海域に島影はまばらで、特にイースター島は絶海の孤島である。

では、ポリネシアの民は一体どうやって、四〇〇〇キロの彼方に人が住める島があることを知ったのだろうか。

再度、宇宙船にたとえてみよう。

太陽系にもっとも近い恒星であるプロキシマ・ケンタウリに人類を送ろうと計画した場合、その存在を事前に把握した上で、寸分の違いもなく正確な位置情報をコンピューターに打ち込んで発射しなければ、目的地には絶対に到達できない。

ポリネシア人は、どうやって水平線のはるか彼方に植民可能な島があることを知り、なぜ潮流に逆らってまでそこに行こうとしたのか……。

経験に照らし合わせ、ぼく自身なぜ航海に出るのかと、自問してみよう。

「生活の糧を得る」ためでもなければ、「他人から強制された」からでもない。

純粋に快楽追求のためである。

海はリスクに満ちている。どじを踏めば簡単に命を失う。いや、正しい判断をしたとしても、運悪く自然の猛威に見舞われればたちどころに危機に陥る。リスクが多いからこそ、それを克服して大洋を渡り切ったときの達成感は大きく、なにものにも代え難い快楽を得られると想像できる。だから、獲物を獲りに行くのだ。ポリネシアの人々も同様の願望を抱き、周到な計画の下に植民を実行したはずである。

未来への希望に満ちた動機がなければ、人類は極寒のアリューシャンを越えたり、危険を冒して南太平洋の島々を渡ったりしなかっただろう。

その思いを込めて、『楽園』では、ユーラシアの人々が大洋に乗り出した動機を「愛する女を取り戻すため」というロマンに置いた。

南太平洋をはじめとする世界の海は、いまだに「海の怪」の宝庫である。

なぜ、イースター島で数トンものモアイ像が造られたのか。

太平洋の他の島々に文字がないにもかかわらず、なぜイースター島にだけロンゴロンゴ文字が発生したのか。

ギザのピラミッド、マヤ・アステカのピラミッドなど、巨大な石の建造物は、文字とセットになっているように思われてならないのだが、その理由は何なのか。

イースターまで植民して南米大陸という豊穣の大地まであと少しの距離に迫りつつ、なぜ、ポリネシア人は、動きを止めてしまったのか。さらに東にあるのは絶海の孤島ではなく巨大な大陸である。東進するだけで到達できるのに、なぜ進路を転じてハワイやニュージーランドに向かったのか。

既に南米大陸に人類が入植しているのを知り、敢えて行く必要がなくなったからではないのか……。

だとしたら、イースター島の人々はどうやってその情報を手に入れたのか。南米に人類が入植済みであるという情報の入手方法と、ポリネシアの民がイースター島の位置情報を入手した方法は、同一だったのではないか。

未知の領域に新しい一歩を刻むことに快楽を覚えるのは、脳内の報酬系（困難に負けず頑張って結果を出すと、ご褒美として神経伝達物質であるドーパミンが分泌され、快楽を感じるシステム）のおかげである。では、どのようなメカニズムでこの独特の報酬系が人類の脳内に埋め込まれたのか。

つまり、人類が地表全土にはびこることによってもっとも得をしたのは「だれ」なのか。人間？　いや、違う。

さらに四〇億年前に遡れば、原始の海でどのようなメカニズムで生命が誕生したのか。海水をかき混ぜていたら偶然に意味のあるたんぱく質ができたという説など到底信じられない。

カンブリア紀に起こった生命の爆発的な多様化を経て、海の生命はどうやって陸に上がり、空を飛ぶようになったのか。進化論の基本概念で説明するには無理があると思われてならない……。

これらの謎に対する科学的な答えを、ぼくは密かに胸に思い描いている。「神」や「宇宙人」を出してお茶を濁すものではなく、論理的、科学的に筋の通るものと自負するところがある。

ここで解説したいのはやまやまだが、数百ページの分量を要するために紙面が足りない。

いずれ小説という形で、その驚くべき仮説を紹介しようと思う。

海はまた「小説のネタ」の宝庫でもある。

初出
集英社ノンフィクション編集部公式サイト「よみタイ」
https://yomitai.jp/
(2019 / 11 / 5 〜 2020 / 7 / 21)
単行本化にあたり、加筆修正しました。
「貞子を海に解き放て」「あとがきにかえて　なぜ海に出るのか」は書き下ろしです。

*本書掲載画像はいずれもイメージとして使用したもので、内容に関連はありません。

- **Unsplash**　カバー / Roan Lavery
  P26-27 / elCarito
- **Shutterstock.com**　表紙 /Grodfoto
  P6, P11 / Krivosheev Vitaly　P32 / Juan Vilata　P38-39 / F.L.
  P52, P61 / Keith Kevit　P72 / Kiril Skvarnikov
  P84-85 / Willy Sebastian　P88 / CL-Medien　P94 / meunierd
  P110 / StanOd　P118 / rweisswald
  P126-127 / Martin Minarik　P136 / David Wingate
  P142-143 / Alex Stemmer　P148 / irabel8
  P188-189 / Littlesam　P209 /Marco Ramerini
- **istock.com**　P18 / Kunhui Chih　P155 / Bobbushphoto
- **PhotoAC**　P42, P74, P98, P104-105, P167, P170
- **123RF**　P66 / IgorSokolov　P177, P180 / makieni
- **Pixabay**　P114-115
- **PIXTA**　P160 / kattyan　P192 / osamudiver　P199 / divedog

鈴木光司（すずき・こうじ）
1957年静岡県浜松市生まれ。作家、エッセイスト。90年『楽園』で日本ファンタジーノベル大賞優秀賞を受賞してデビュー。91年の『リング』が大きな話題を呼び、続編の95年の『らせん』で吉川英治文学新人賞を受賞。『リング』は日本で映像化された後、ハリウッドでリメイクされ世界的な支持を集める。2013年『エッジ』でアメリカの文学賞であるシャーリイ・ジャクスン賞（2012年度長編小説部門）を受賞。リングシリーズの『ループ』『エッジ』のほか、『仄暗い水の底から』『鋼鉄の叫び』『樹海』『ブルーアウト』など著書多数。

カバーデザイン／本文レイアウト　今井秀之
校正／鷗来堂
編集協力／藤原綾　中嶋美保

海の怪（うみのかい）

2020年9月10日　第1刷発行

著　者　鈴木光司（すずきこうじ）
発行者　茨木政彦
発行所　株式会社集英社
東京都千代田区一ツ橋2-5-10　〒101-8050
電話　編集部 03-3230-6143
読者係 03-3230-6080
販売部 03-3230-6393（書店専用）
印刷所　中央精版印刷株式会社
製本所　株式会社ブックアート

定価はカバーに表示してあります。本書の一部あるいは全部を無断で複写・複製することは、法律で認められた場合を除き、著作権の侵害となります。また、業者など、読者本人以外による本書のデジタル化は、いかなる場合でも一切認められませんのでご注意ください。造本には十分注意しておりますが、乱丁・落丁（本のページ順序の間違いや抜け落ち）の場合はお取り替えいたします。購入された書店名を明記して小社読者係宛にお送りください。送料は小社負担でお取り替えいたします。但し、古書店で購入したものについてはお取り替えできません。

© Koji Suzuki 2020, Printed in Japan
ISBN978-4-08-788040-3　C0095